AF538047

Wieso reichen neun Minuten Peter Alexander, um Günter Grass dankbar zu sein? Warum ist Vergessen eine anstrengende Übung, Verdrängung harte Arbeit? Erstehen Gespenster aus unserer Angst vor der Vergangenheit der Räume, die wir bewohnen? Und könnte es sein, dass jemand, den ein Schweizer Klassiker nächtelang mit Albträumen plagt, eben dadurch später zum Schriftsteller wird?

Um diese und andere Fragen kreisen Daniel Kehlmanns fünf bestechend klare und virtuos durchkomponierte Vorlesungen, die er als Inhaber des renommiertesten deutschen Gastlehrstuhls für Poetik im Sommer 2014 an der Frankfurter Goethe-Universität gehalten hat. Mit einem Shakespeare-Zitat als Titel – «Kommt, Geister, die ihr lauscht auf Mordgedanken» – entführen sie in literarische Schattenwelten voller Zwielicht und Echos, Falltüren und Gespinste. Daniel Kehlmann zeigt auf, wie sehr die nachhallenden Schrecken der deutschen Vergangenheit sein Werk grundieren, schreibt über Geister, Gespenster, Zombies, Halbmenschen und Narren in den Werken von Ingeborg Bachmann, Jeremias Gotthelf, Tolkien, Shakespeare, Grimmelshausen und Leo Perutz. Und gibt damit immer auch Auskunft über sich.

DANIEL KEHLMANN

KOMMT, GEISTER

Frankfurter Vorlesungen

Rowohlt

Die fünf Vorlesungen wurden zwischen dem
3. Juni und dem 1. Juli 2014 an der
Frankfurter Goethe-Universität gehalten.

2. Auflage März 2015

Einbandgestaltung
ANZINGER | WÜSCHNER | RASP, München
Abbildung akg-images (Ausschnitt aus einer
Zeichnung von Johannes de Witt, 1596)
Foto des Autors Heji Shin
Satz aus der Arno PostScript
bei Dörlemann Satz, Lemförde
Druck und Bindung
CPI books GmbH, Leck, Germany
ISBN 978 3 498 03570 9

Inhalt

Der tote Perutz an meinem Tisch,
freundlich – im Kaffeehaus.

(ELIAS CANETTI:
Das Buch gegen den Tod)

ILLYRIEN

In jedem Film mit Peter Alexander gibt es eine Musikeinlage für die jungen Leute. Von irgendwem wird etwas Flottes gefordert, etwas Modernes, und sogleich tanzt man mit wackelnden Knien und schwingenden Hüften, und dazu spielt eine Band – nein, natürlich nicht Rock 'n' Roll oder Jazz, sondern deutsche Schlagermusik, aber der Sänger, manchmal Peter Alexander selbst, manchmal Gus Backus oder Bill Ramsey, trägt immerhin den deutschen Text mit amerikanischem Akzent vor und ruft zwischen den Strophen «Hey», «Oh» und «Yes». So sieht für die Zwecke der deutschen Komödie Wildheit und Jugend aus, so die große Welt, die man für vier Minuten hereinlässt. Und ist die gespenstische Einlage vorbei, geht der Film weiter, als wäre nichts geschehen.

Vor einiger Zeit, Günter Grass hatte gerade sein Gedicht über die israelische Außenpolitik veröffentlicht, geriet ich mit Amerikanern, die Deutsch können und das Land gut kennen, in eine Diskussion: Was für ein albernes Gedicht, wurde da gerufen, welch ein Wichtigtuer, und überhaupt, immer dieses Politikergehabe, das Moralisieren! Mir schien das alles nicht falsch, aber plötzlich aufsteigende Erinnerungen an die Samstagnachmittage meiner Kindheit in Wien, als es nur zwei Fernsehprogramme gab, von denen eines bloß ein buntes Ding namens *Testbild* zeigte, sodass man dankbar ansah, was immer auf dem anderen geboten wurde, ließen mich das iPad hervorholen.

«Ihr glaubt, ihr versteht Deutschland. Aber ihr wißt nichts, wenn ihr das nicht kennt.» Und ich tippte *Peter Alexander* und wählte den ersten Film, den YouTube mir anbot: *Peter schießt den Vogel ab.*

Nach fünf Minuten wurde ich leise gebeten abzuschalten, nach sieben Minuten wurde ich laut gebeten abzuschalten, nach neun Minuten wurde mir Gewalt angedroht, und ich schaltete ab. Müde sahen wir einander an.

«Und das haben Leute gesehen?»

«Das war der beliebteste Entertainer Deutschlands. In den fünfziger Jahren, in den sechziger Jahren, in den siebziger Jahren und auch noch in den Achtzigern.»

Und auf einmal hatte keiner von uns mehr Lust, über die Gruppe 47 zu spotten: Wir hatten ihrem Anderen ins Gesicht gesehen, der Film gewordenen Verdrängung. Auf einmal mochten wir Günter Grass wieder. Auf einmal waren wir ihm dankbar.

Unter dem kühlen Titel *Probleme zeitgenössischer Dichtung* eröffnet Ingeborg Bachmann 1959 die Reihe der Frankfurter Vorlesungen. Im selben Jahr erscheint *Die Blechtrommel*, und der Frankfurter Generalstaatsanwalt Fritz Bauer erreicht, dass der Bundesgerichtshof die «Untersuchung und Entscheidung der Strafverfolgung» in Sachen Auschwitz dem Landgericht Frankfurt am Main überträgt. Endlich kann Bauer beginnen, das vorzubereiten, was unter dem Namen «Auschwitz-Prozeß» in die Geschichte eingehen wird. Im Jahr 1959 bringt Peter Alexander drei Filme heraus: *Schlag auf Schlag*, *Ich bin kein Casanova* und *Peter schießt den Vogel ab.*

Ingeborg Bachmann ist dreiunddreißig, und ihre Vorlesungen sind ein Versuch, Anschluss zu finden an eine unerreichbar fern gewordene Weltliteratur. «[Es] bleibt uns allen lang verborgen, was an Neuem in anderen Ländern entsteht, meist mit der

Verspätung von ein, zwei Generationen erfahren wir es.» Ihre Vorlesungen sind ein Spiel aus Andeutung, Verschlüsselung und Klarheit, und sie hält sie in einem seltsamen Land. Auf das Verbrechen folgt die Verdrängung, auf den Schrecken die Neurose, auf die Hölle die Farce. «Halten Sie mich nicht für allzu engstirnig, daß ich darauf beharre, auf Schuldfragen in der Kunst, und daß ich sie derart in den Vordergrund rücke.» Denn man arbeite ja nicht in irgendeiner Zeit, sondern habe sich daran zu erinnern, «auf welchem Grund wir bauen, auf wieviel Gräbern, Schandorten».

Das Bild vom Bauen auf schlechtem Grund verwendet auch der zurückgekehrte Emigrant Fritz Bauer, den eine glückliche Fügung zum rechten Mann am rechten Ort werden lässt.

> Daß Deutschland in Trümmern liegt, hat auch sein Gutes, dachten wir. Da kommt der Schutt weg, da bauen wir Städte der Zukunft. Hell, weit und menschenfreundlich. Bauhaus. Gropius. Mies van der Rohe. So dachten wir damals. Alles sollte ganz neu und großzügig werden. Dann kamen die anderen, die sagten: Aber die Kanalisationsanlagen unter den Trümmern sind doch noch heil! Na, und so wurden die deutschen Städte wieder aufgebaut, wie die Kanalisation es verlangte.

Ende der fünfziger Jahre, so berichtet Ronen Steinke in seiner grandiosen Biographie Bauers, hat die Bundesrepublik keines der Nürnberger Urteile offiziell anerkannt, auch in Dokumenten des Bundesgerichtshofes ist im Zusammenhang mit den in Nürnberg Verurteilten immer von «mutmaßlichen» Kriegsverbrechern die Rede. Die Hamburger Dienststelle des Roten Kreuzes gibt das Periodikum *Warndienst West* heraus, in dem untergetauchte NS-Funktionäre lesen können, wann und wo sie gesucht werden. Als Fritz Bauer erste Hinweise auf den Aufenthaltsort Adolf Eichmanns bekommt, ist ihm sofort klar, dass keiner seiner Kollegen in der deutschen Justiz wissen darf, auf wessen Spur er ist; darum wendet er sich an den israelischen Geheimdienst. Bis zu seinem Tod wird er verheimlichen – als wäre es etwas Schändliches –, dass der entscheidende Anstoß zur Verhaftung Eichmanns von ihm kam. «Wenn ich mein Dienstzimmer verlasse», lautet sein berühmtester Ausspruch, «betrete ich feindliches Ausland.»

Unterhaltungsfilme der deutschen Nachkriegszeit haben einen starken Effekt auf Verstand, Gemüt und Seele. Zwingt man sich, einen von ihnen anzusehen, so ist einem nicht bloß langweilig, man fühlt sich schon nach kurzem regelrecht misshandelt. Das liegt nicht nur daran, dass diese Filme schlecht sind. Schlecht ist vieles; schlecht sind auch die Filme mit Doris Day und Rock Hudson, die zur gleichen Zeit entstehen, schlecht ist das meiste von Jerry Lewis, schlecht sind Komödien mit Jennifer Aniston oder von Jerry Bruckheimer produzierte Blockbuster. Die Erzeugnisse der deutschen Unterhaltungsindustrie aus den fünfziger Jahren aber vermögen etwas, das andere Filme nicht können: Sie machen einen verzweifelt. Sie sorgen dafür, dass man Migräne bekommt. Hat man es wirklich geschafft, einen von ihnen in voller Länge anzusehen, so ist die Gefahr groß, dass man den Rest des Tages in maroder Verwirrung zubringt.

Seltsamerweise haben die Filme der Nazizeit diese Eigenschaft nicht. Viele sind natürlich üble Propagandawerke, andere Ausdruck von harmlosem Eskapismus, wieder andere sind alles in allem wirklich nicht schlecht, sodass man ihnen außer ihrer Entstehungszeit nicht viel vorwerfen kann. Aber da arbeiten Schauspieler, die ihren Beruf verstehen, die Dialoge sind nicht abstrus und die Szenen richtig ausgeleuchtet. Die Kostüme sind nicht lächerlich, die Regie ist handwerklich versiert.

Erst nach dem Krieg ändert sich das. Zuvor haben deutsche Filme viel verschwiegen, jetzt werden sie selbst zum Vehikel des Verschweigens, das Verdrängen geht gewissermaßen als aktiver Vorgang in sie ein. Erst nach dem Krieg starrt einen aus dem deutschen Film die Fratze des Wahnsinns an.

Ingeborg Bachmanns Vater ist NSDAP-Mitglied, ein frühes und überzeugtes, dann ist er Wehrmachtsoffizier. Er ist auch ein guter, liebender Vater. Aus diesem Konflikt wird sie sich ihr Leben lang nicht befreien, er liegt in dunkel verzerrter Weise noch ihrem späten Roman *Malina* zugrunde. Hochbegabt, früh gefördert, früh aufgebrochen aus der österreichischen Provinz in eine Hauptstadt, die nur eine etwas urbanere Provinz ist und in der literarische Provinzkönige wie Hermann Hakel und Hans Weigel regieren, wird die junge Frau dort rasch aufgenommen und sofort unterschätzt. Schnell beweist sie, dass sie nicht in diese Lokalgrößenwelt gehört. Mit Umsicht und Geschick – denn weltfremde Künstler können unerhört praktisch sein, wenn es nötig ist zu entkommen – besorgt sie sich eine Einladung zu einer Zusammenkunft der Gruppe 47. Dort entdeckt man sie, und bald ist sie aus dem, was Thomas Bernhard später die «Wienfalle» nennen wird, befreit.

Die berühmten Kollegen sind fasziniert von ihrem Charisma – man merkt es daran, dass in den Beschreibungen regelmäßig gesagt wird, sie habe keines – und ihrem Talent. Wie fast alle jungen

Schriftsteller ist sie entsetzt darüber, dass man denkt, sie meine sich selbst, wenn sie in ihren Gedichten «ich» sagt. Dieses Erschrecken ist alt, aus reiner Höflichkeit stimmt man dem klagenden Autor darin gemeinhin zu, sagt nickend: «Wirklich schlimm, die Leute können nicht lesen», und liest selbst weiterhin genau so, wie man es immer getan hat.

Denn natürlich meint der Schriftsteller immer sich selbst, wenn er «ich» sagt. Aber das Komplizierte am Sprechakt der Literatur ist eben, dass die Freiheit, so von sich zu sprechen, wie man es unter anderen Umständen nie täte, nur dadurch zustande kommt, dass die gesellschaftliche Übereinstimmung darin besteht, so zu tun, als spräche der Autor *nicht* von sich. Und tatsächlich spricht er ja auch nicht von dem Ich, das ins Kino geht, Kaffee trinkt, Freunde trifft und die Zeitung durchblättert, sondern von einem anderen – einem böseren, liebevolleren, offeneren, ängstlicheren, wahrhaftigeren Ich, als es sich je in Gesellschaft zeigen könnte. Der Schriftsteller erschrickt, wenn ihm klarwird, dass man meint, er öffne seine Seele, weil er tatsächlich seine Seele öffnet, wenn auch unter dem Schutz der Konvention, so zu tun, als wüsste man das nicht; der Schriftsteller erschrickt, wenn ihm klarwird, dass im Grunde keiner an diese höfliche Übereinkunft glaubt. Und dabei hat er doch gedacht, er wäre der Einzige, der nicht darauf hereingefallen ist.

Dass Ingeborg Bachmann sich in den Vorlesungen gegen die Identifikation des biographischen Ich mit dem Ich in den Gedichten wehrt, ist also zu erwarten, aber im Zuge dessen entwickelt sie eine faszinierende Theorie der Subjektivität. Am unverhülltesten spreche von sich, wer von ganz anderem zu sprechen scheine. Die am stärksten geschützte und daher auch am wenigsten private literarische Form sei das Tagebuch. Gerade weil es offiziell jede Offenheit erlaube und die bewährte Form der Selbstenthüllung sei, sei es in Wahrheit das Genre, in dem das Ich am stärksten gepanzert auftrete. Führt man den Gedanken weiter, folgt daraus: So, wie also ein Tagebuch weniger intim ist als ein Gedicht, ist ein Gedicht weniger persönlich als eine Erzählung.

Wie angenehm übrigens, dass sie in diesen Vorträgen nicht unverschlüsselt von sich selbst spricht. Nie erklärt sie, was sie sich beim Schreiben dieses oder jenes Gedichtes gedacht hat, sie verrät nicht, welche Kurzgeschichte sie für ihre beste hält. Sie spricht, als wäre sie bloß Leser, und ihr Autorentum behält sie für sich wie eine Privatsache.

Ingeborg Bachmanns beste Kurzgeschichte trägt den Titel *Unter Mördern und Irren.* Ein männlicher Erzähler hockt mit Wiener Kulturfunktionären beisammen, die sich «mehr als zehn Jahre nach dem Krieg», und wie fast jeden Abend, um ihren Stammtisch versammeln. Es wird geraucht, es wird schwadroniert, der Abend wird wieder lange dauern: «Viel später erst, gegen Morgen, würden wir den Frauen über die feuchten Gesichter streichen im Dunkeln und sie noch einmal beleidigen mit unserem Atem, dem sauren starken Weindunst und Bierdunst, oder hoffen, inständig, daß sie schon schliefen und kein Wort mehr fallen müsse.»

Am Tisch sitzt ein gewisser Haderer, Abteilungsleiter beim Radio, der bei der Wehrmacht war, und ein vielbeschäftigter Kulturmanager namens Hutter, der auch bei der Wehrmacht war, und ein einflussreicher Kritiker namens Bertoni, der auch bei der Wehrmacht war. Am Tisch sitzt normalerweise auch ein gewisser Steckel, an diesem Tag nicht erschienen, der in der Emigration war und für Bertoni gebürgt hat, sodass dieser seinen Posten zurückbekommen konnte, und da sitzen auch ein gewisser Friedl, ein gewisser Herz und ein gewisser Mahler, die, wie der Erzähler, auf der anderen Seite gestanden haben. Sie waren Verfolgte, sie haben irgendwie überlebt, jetzt sitzen sie mit am Tisch und plaudern und trinken wie die anderen auch, denn es ist ja alles schon über zehn Jahre her.

Aus dem Nebenraum dringt dumpfes Singen herüber, dort findet ein Wehrmachts-Kameradschaftstreffen statt, aber der Vorsitzende ist ein alter Freund von Bertoni. Er kommt kurz herüber, schüttelt einige Hände, plaudert in leutseliger Kühle und geht wieder. Dann nähert sich ein Zeichner. Er bekommt ein paar Schilling und fertigt Karikaturen der um den Tisch sitzenden Männer an, aus denen ihre Schwäche und betrunkene Eitelkeit so deutlich hervorleuchteten, dass sie ihn fortscheuchen. Jetzt aber sind sie aufgewühlt. Im Alkoholdunst beginnen die, die Soldaten waren, von ihren Erinnerungen zu sprechen.

> [Haderer] legte die Hand auf die Augen. «Ich möchte nichts missen, diese Jahre nicht, diese Erfahrungen nicht.»
>
> Friedl sagte wie ein verstockter Schulbub, aber viel zu leise: «Ich schon. Ich könnte sie missen.»

So wird plötzlich gegen die Übereinkunft des Schweigens verstoßen, und es sind die Opfer, die sich schämen, als hätten sie etwas Falsches getan. «Wir waren gezwungen, zuzuhören und vor uns hinzustarren, das Brot zu zerkleinern auf dem Tisch, und hier und da wechselte ich einen Blick mit Mahler, der den Rauch seiner Zigarette ganz langsam aus dem Mund schob, Kringel blies und sich diesem Rauchspiel ganz hinzugeben schien.» Schließlich geht der Erzähler zur Toilette und trifft dort am Waschbecken den in Panik aufgelösten Friedl.

«Warum sitzen wir, Herr im Himmel, beisammen! Besonders Herz verstehe ich nicht. Sie haben seine Frau umgebracht, seine Mutter …»

Ich dachte krampfhaft nach, und dann sagte ich: «Ich verstehe es. Doch, ja, ich verstehe es.»

Friedl fragte: «Weil er vergessen hat? Oder weil er, seit irgendeinem Tag, will, daß es begraben sei?»

«Nein», sagte ich, «das ist es nicht. Es hat nichts mit Vergessen zu tun. Auch nichts mit Verzeihen. Mit all dem hat es nichts zu tun. […] Damals, nach 45, habe ich auch gedacht, die Welt sei geschieden, und für immer, in Gute und Böse, aber die Welt scheidet sich jetzt schon wieder und wieder anders. Es war kaum zu begreifen, es ging ja so unmerklich vor sich, jetzt sind wir wieder vermischt, damit es sich anders scheiden kann, wieder die Geister und die Taten von anderen Geistern, anderen Taten. Verstehst du? Es ist schon so weit, auch wenn wir es nicht einsehen wollen. Aber das ist auch noch nicht der ganze Grund für diese jämmerliche Einträchtigkeit.»

Friedl rief aus: «Aber was dann! Woran liegt es denn bloß? So sag doch etwas! Liegt's vielleicht daran, daß wir alle sowieso gleich sind und darum zusammen sind?»

«Nein», sagte ich, «wir sind nicht gleich. Mahler war nie wie die anderen, und wir werden es hoffentlich auch nie sein.»

Ingeborg Bachmann muss in Wien an der Seite Hans Weigels nicht wenige solcher Abende erlebt haben. Was die Erzählung so beeindruckend macht, ist, dass sie nicht bei der Empörung stehen bleibt. Sie geht in der Erforschung moralischer Komplikationen bis zum Äußersten.

> Friedl flüsterte: «Dann ist eben alles doch mit allem im Bund, und ich bin es auch, aber ich will nicht! Und du bist auch im Bund!»
>
> Ich sagte: «Im Bund sind wir nicht, es gibt keinen Bund. Es ist viel schlimmer. Ich denke, daß wir alle miteinander leben müssen und nicht miteinander leben können.»

Am Ende gibt es eine Schlägerei und einen Toten, und einer der Frontsoldaten murmelt etwas von «unerträglicher Provokation». Wieder einmal sind es die Täter, die in der Seele gekränkt wurden.

Die Moral der Erzählung liegt schlicht und einfach darin, dass es keine Moral gibt. Die fürchterlichsten Verbrechen sind geschehen, aber aus diesem Umstand lässt sich nichts lernen und nichts gewinnen. Verbrechensopfer werden nicht bessere Menschen, sie werden nur beschädigt und gebeugt. «Das ist das Furchtbare, [...] die Opfer, die vielen, vielen Opfer zeigen gar keinen Weg.»

Der Film *Peter schießt den Vogel ab* sperrt die Wirklichkeit so radikal aus, dass sogar die harmlosesten Komödien-Topoi darin weiter entschärft werden mussten, als könnte man sie dem deutschen Publikum sonst nicht zumuten. Der Held ist ein Hotelportier namens Peter Schatz, er lernt eine junge Frau kennen, die beiden verlieben sich, sie darf aber nicht erfahren, dass er Portier ist. Weil er arm ist? So wäre es in traditionellen Komödien, dort würde die Frau es schließlich entdecken, es würde ihr aber nichts ausmachen, und die beiden könnten einander in die Arme fallen. Die Idylle ist nach Schillers Definition das Reich des aufgelösten Kampfes; sie findet in einer Welt statt, in der es keine realen Konflikte gibt, sondern nur Missverständnisse, die verschwinden, sobald man sie erkennt. Auch *Peter schießt den Vogel ab* will idyllisch sein, aber schon ein Missverständnis, das mit sozialen Klassen zu tun hätte, wäre für den deutschen Film unerträglich. Also darf Peter Schatz der Frau seines Herzens die Tatsache, dass er Hotelportier ist, deshalb nicht verraten, weil sie in einer Telefonzentrale arbeitet, häufig in Hotels anrufen muss und die Portiers stets unhöflich zu ihr waren. Naheliegenderweise also hat sie sich geschworen, sich nie im Leben in einen Portier zu verlieben.

Wer kommt auf solche Ideen? In diesem Fall ein gewisser Géza von Cziffra, ein ungarischer Adeliger, Freund von Max Liebermann und Albert Einstein. Das Porträt, das Rudolf Schlichter von ihm gemalt hat, ist ein Hauptwerk der Neuen Sachlichkeit und hängt heute in der Neuen Nationalgalerie in Berlin. Während Géza von Cziffra Konfektionsblödsinn fürs deutsche Publikum anfertigte, fand er nebenbei noch die Zeit, ein wirklich berührendes Buch über die gemeinsamen Pariser Exiljahre mit seinem Freund Joseph Roth zu schreiben. Muss man ihn sich als geschlagenen Zyniker vorstellen, als einen Friedl, Mahler oder Steckel? Er hat sich nie dazu geäußert, er hat sich nie distanziert, weder von Deutschland noch von seinen Filmen. Alle drei Peter-Alexander-Schmonzetten des Jahres 1959 sind sein Werk.

Diese Filme sind voller Pointen wie: «Er heißt Vogel? Und er *hat* auch einen Vogel», oder: «Wir wollen es gemeinsam begießen – ich meine: genießen», oder: «Ein Hurra auf den Standesbeamten, der imstande war, dem Stand der Ehe standzuhalten!» Häufig wird geniest, dann sagt Peter Alexander mit verschmitzter Miene: «Prost!» Wann immer Peter etwas Schweres hebt, spuckt er in seine Handflächen, wann immer er sich an irgendeine Arbeit macht, spitzt er vorher die Lippen und reibt seine Hände. Wird er von einem Hund gebissen, hebt er den Fuß, hält seinen Knöchel und ruft: «Ui!» Wenn er sich ärgert, hebt er die Hand und streckt drohend den Zeigefinger in die Höhe. Wenn er an eine Frau denkt, in die er sich verliebt hat, lächelt er verklärt, blickt zum Himmel und streichelt seine linke Hand mit seiner rechten. Von Film zu Film wiederholt sich verlässlich das Repertoire, jede Situation hat ihre rituell vorgeschriebene Geste, und nie darf es eine sein, die ein gewöhnlicher Mensch je in einer solchen Lage vollführen könnte, nie darf eine Bewegung, ein Blick, ein Laut auch nur im Entferntesten authentisch wirken. Wäre all dies kunstvoller, man könnte von Verfremdung sprechen, so aber ist es nur eine giftige, alles durchdringende Falschheit. Wenn Hotelportier Schatz sich mit Amerikanern unterhält, spricht er als Beweis seiner Weltläufigkeit nicht etwa Englisch, sondern Deutsch mit englischem Akzent, was von den Ausländern, die ebenfalls Deutsch mit Akzent sprechen, so erfreut aufgenommen wird, als könnte er tatsächlich ihre Sprache. Kommt er durch eine unerwartete Erbschaft zu Geld, so tut er so, als wäre er ein reicher Rinderfarmer aus – jawohl – Argentinien.

Tatsächlich: Argentinien. Wir schreiben das Jahr 1959, und der Film zeigt uns einen Mann, der vorgibt, aus Argentinien zurück in die alte Heimat zu kommen. Warum muss es Argentinien sein, warum nicht Kenia, Brasilien, Australien oder Südafrika? Was musste ein Zuschauer dieser Zeit denken, wenn er einen Landsmann aus Argentinien zurückkommen sah, jenem Land, in dem es vermutlich mehr Leser von *Warndienst West* gab als irgendwo sonst? Der Film ist doch sonst so manisch darauf versessen, an nichts Unangenehmes zu erinnern – weshalb also ausgerechnet Argentinien?

Wer anfängt, auf solche Details zu achten, dem öffnet sich eine Geisterwelt der Schatten und Echos. Warum wird ein unsympathischer Hoteldirektor namens Adler von allen immer Adi genannt, nicht Adli, sondern Adi, was keineswegs eine gängige Koseform für den Namen Adler ist, sondern für den Vornamen Adolf? Warum treten ständig pensionierte Offiziere auf? Immer derselbe Typus: ein älterer Herr, knorrig steif und zu zivilem Sozialverhalten nicht mehr in der Lage, der beim Abschied die Hand an die Schläfe legt und «Abtreten!» sagt. Natürlich ist der tattrige General außer Dienst eine beliebte Komödiengestalt des 19. Jahrhunderts und wäre 1912 noch eher harmlos gewesen – aber schon 1919 ist er es nicht mehr, und schon gar nicht Ende der fünfziger Jahre, als jeder pensionierte deutsche Offizier Dinge hinter sich hat, die man wohl unaussprechlich nennen muss. Und warum wird in diesen penibel gewaltfreien Filmen so gerne über Verbrechen gesprochen? Erstaunlich oft treten – meist übrigens weibliche – Krimiautoren auf, die obsessiv das Wort «Mord» im Mund führen, was sich aber nie auf etwas in der Filmhandlung, sondern auf Bücher bezieht, über die man aber wiederum nur erfährt, dass darin schauerlich getötet wird. Dazu passt es gut, dass sich in *Schlag auf Schlag* einer der Helden eine zu jeder vollen Stunde knallende Cowboy-Kuckucksuhr an die Wand hängt, woraufhin der Nachbar in der Nebenwohnung bei jedem Anschlag des Mechanismus mit dem Schrei «Die bringen einander um!» aus dem Schlaf fährt.

Wird man auf diese Dinge aufmerksam, scheint in die hektische Fröhlichkeit etwas Gespenstisches einzudringen, mühsam Ausgesperrtes wird so plötzlich sichtbar, als erschienen Geister aus leerer Luft. Vergessen ist eine anstrengende Übung, Verdrängung harte Arbeit. «Die Tilgung der Erinnerung ist eher eine Leistung des allzu wachen Bewußtseins als dessen Schwäche gegenüber der Übermacht unbewußter Prozesse», sagt Adorno, ebenfalls in Frankfurt, ebenfalls im Jahr 1959, im Vortrag *Was bedeutet: Aufarbeitung der Vergangenheit.* Das Neben- und Miteinander von Tätern und Opfern, die gemeinsam Unterhaltungswerke verfertigen für ein traumatisiertes Publikum, das in panischer Verkrampfung Harmlosigkeit einfordert, hätte den Stoff zu einem großen Roman abgeben können, aber dieser Roman wurde nie geschrieben, oder richtiger: Die deutsche Nachkriegsliteratur als Ganzes, in ihrer Vielseitigkeit und ihrer Beschränkung, in dem, was sie behandelt, und dem, worüber sie schweigt, *ist* gewissermaßen dieser Roman.

Wie schade, dass der Erfinder des Begriffs *Kulturindustrie* sich nie über Peter Alexander geäußert hat. Denn es gab keinen anderen Unterhalter, der so lange so hoch in der Gunst des deutschen Publikums stand. 1926 geboren, ist er zu jung, um tief verstrickt sein zu können: Arbeitsdienst, Wehrmacht, Flakhelfer, Kriegsmarine, Kriegsgefangenschaft, ein abgebrochenes Medizinstudium, dann schon erste Erfolge als Schlagersänger. Ab Mitte der fünfziger Jahre hält Peter Alexanders Laufbahn ohne Unterbrechung und ohne Tief bis zum Beginn der neunziger Jahre an, als er nach über fünfzehn Millionen verkauften Platten immer noch in seiner alljährlich vom ganzen Land erwarteten Fernsehshow internationale Größen dazu zwingt, sich gemeinsam mit ihm zu erniedrigen.

«Wenn ich da so neben dem Johnny Cash stehe», sagt er glucksend zu dem verwirrten Weltstar im schlecht sitzenden Frack, «möchte ich am liebsten gleich mit ihm loslegen.» Seine Hände zucken, und sogleich ruft er auch: «Es juckt einen richtig!» Dabei zwinkert er verschwörerisch, wie er es immer tut, wenn er in eine Kamera blickt. So hetzt er von seinem zwanzigsten Lebensjahr bis zu seinem letzten Auftritt mit achtzig agil, lustig, hektisch und augenzwinkernd einem Ideal von Gelöstheit und

Witz nach, das stets in Reichweite scheint und doch nie erreicht wird, als säße ihm der Satan im Nacken, als könnte er auf diese Art für ein ganzes Land jene Leichtigkeit zurückgewinnen, die es nie mehr besitzen wird.

Ich habe ihn einmal getroffen. Acht Jahre war ich alt und auf dem Heimweg von der Schule. Er trug einen Lodenmantel und einen Hut mit Gamsbart. Ich bat ihn um ein Autogramm. Er lächelte, zwinkerte, zog ein schon unterschriebenes Foto aus der Tasche und überreichte es mir. Dann ging er weiter, und ich sah ihm aufgewühlt nach. Er war der berühmteste Mensch, dem ich je gegenübergestanden hatte.

Wenn es stimmt, dass die unpersönlichsten Gattungen die persönlichsten Bekenntnisse erlauben, so gibt es wohl eine Textart, die noch bekenntnishafter sein kann als eine Erzählung: ein literaturtheoretischer Essay. Hier kommt der Autor selbst gar nicht in Betracht, somit geht es womöglich am intimsten um ihn. Ingeborg Bachmanns vierte Vorlesung scheint diese Vorgabe zu erfüllen. Sie heißt *Der Umgang mit Namen* und handelt von der Landkarte literarischer Plätze.

> Freilich sind auch Orte darauf eingetragen, die der gute Schüler kennt, aber auch andere, die kein Lehrer kennt, und alle zusammen ergeben sie ein Netzwerk, das reicht von Delphi und Aulis bis Dublin und Combray, von der Rue Morgue bis zum Alexanderplatz und vom Bois de Boulogne bis in den Prater. [...] Und Orte gibt es darauf, manche viele Male, wohl hundertmal Venedig, aber immer ein anderes, das von Goldoni und von Nietzsche, eines von Hofmannsthal und eines von Thomas Mann,

> und es gibt Länder, die sich schwerlich finden auf den käuflichen Karten, Orplid und Atlantis, und andere, die gibt es wohl, wie Illyrien, aber Shakespeares Illyrien deckt sich nicht damit.

Eine Idee, die von nun an für ihr Werk bestimmend wird: die Phantasiegeographie der Dichtung, ein paralleler Kosmos aus Traum und Worten, ein idealer Süden der Erfindung, der eine Freiheit verheißt, die es auf der Welt nicht gibt. Die Anregung stammt von Shakespeare, dessen freier Umgang mit allen geographischen Belangen ihn bereits von seinen Zeitgenossen unterscheidet. Dazu schreibt der Shakespeare-Forscher James Shapiro:

> Hätte Shakespeare über Dinge schreiben wollen, die er aus erster Hand kannte, so hätte er wie Jonson, Decker, Middleton und viele andere Zeitgenossen seine Stücke dort spielen lassen, wo er aufgewachsen war, oder in seiner gewählten Heimatstadt London. Stattdessen aber entschied er sich, seiner Phantasie mehr Raum zu gewähren, und siedelte seine Handlungen in fernen Ländern und vergangenen Zeiten an – Wien, Verona, Venedig, sowie dem alten Britannien, Athen, Troja, Tyrus und Rom. Und sogar wenn er sich seiner Erfahrung am stärksten annähert und einen Großteil von *Wie es euch gefällt* in einer Version des Arden Forest in Warwickshire ansiedelt, so wird dieser zu einer magischen Landschaft, bewohnt nicht nur von Schäfern und Einsiedlern, sondern auch von Löwen, Schlangen und einem göttlichen Wesen, Hymen.

Wer überhaupt etwas von Ingeborg Bachmann kennt, der kennt wohl diese Zeilen:

> Kommt her, ihr Böhmen alle, Seefahrer, Hafenhuren
> und Schiffe
> unverankert. Wollt ihr nicht böhmisch sein, Illyrer,
> Veroneser,
> und Venezianer alle. Spielt die Komödien, die lachen
> machen
>
> Und die zum Weinen sind. Und irrt euch hundertmal,
> wie ich mich irrte und Proben nie bestand,
> doch hab ich sie bestanden, ein um das andere Mal.
> Wie Böhmen sie bestand und eines schönen Tags
> ans Meer begnadigt wurde und jetzt am Wasser liegt.

Böhmen wurde ans Meer begnadigt natürlich von keinem anderen als Shakespeare, der in *Ein Wintermärchen* das Binnenland aus Gleichgültigkeit und poetischer Freiheit zu einem Ort an der See gemacht hat. Schon Ben Jonson hatte sich darüber mokiert: «*Shakespeare in a play brought in a number of men saying they had suffered shipwreck in Bohemia, where there is no sea near by some hundred miles.*» Illyrien hingegen, über das Shakespeare auch nichts wusste und dessen Name sowohl in Ingeborg Bachmanns Vorlesung als auch in ihrem Gedicht fällt, ist der Handlungsort seiner in jeder Hinsicht kompliziertesten Komödie *Was ihr wollt* – ein fernes Land, an dessen Gestade die schiffbrüchige Viola angespült wird. Sofort gibt sie sich als Mann aus, denn für eine Frau ist Illyrien zu gefährlich, und gerät in Verwechslungen, die so profund und seltsam sind, dass der Unterschied von Mann und Frau, ja von Ich und Du fraglich wird. Am Ende findet sie das Glück, indem sie sich einem Mann verspricht, den sie kaum kennt und der wiederum sie bisher für einen Mann gehalten hat – und siehe da, in jenem parallelen Universum der Sprache und Leichtigkeit wird genau dadurch alles gut.

«Auf dem Zauberatlas ist [Illyrien] eingezeichnet, wahrer, viel wahrer, und es grenzt dort die Newa an die Seine, und über die Seine führt der Pont du Carrousel von Balzac und der Pont Mirabeau von Apollinaire, und die Steine und die Wasser sind aus Worten gemacht.» Ingeborg Bachmann sagt hier allem Realismus der Gruppe 47 ab; die Traumgeographie Shakespeare'scher Lustspiele wird später für sie mit dem dahingegangenen Kulturraum des alten Österreich in eins fließen. Von diesem Bekenntnis zu Illyrien an sind ihre Vorlesungen ein Plädoyer für Offenheit – im Schreiben wie im Urteilen. Die Gruppe 47 hat sich zu diesem Zeitpunkt längst der Herrschaft der zu jedem Treffen in Scharen anreisenden Kritiker unterworfen; ein Brauch, der nachhaltig richtungsweisend fürs deutsche Literaturmilieu wird. «Denn während auf der einen Seite eine offizielle, allem gerecht werdende Denkmalpflege der Literatur und jeder Kunst getrieben wird», so Ingeborg Bachmann, «herrscht inoffiziell ein Terror, der ganze Teile der Literatur und jeder Kunst für eine Zeit in Acht und Bann tut.»

Sie weiß wohl schon von dem aus dem Deutsch Grimmelshausens, aus Traumbildern und archaischem Schrecken der Diktatur entstandenen Roman von Günter Grass, der im gleichen Jahr erscheint, aber sie weiß vermutlich noch nicht vom immerhin bereits fünfzehn Jahre zuvor erschienenen Geschichtenband *Ficciones*, mit dem Jorge Luis Borges die Erzählrevolution Südamerikas einleitete, oder von einem Roman namens *Lolita*, der ein Jahr zuvor seinen Siegeszug durch die Englisch sprechende Welt antrat. Und ziemlich sicher weiß sie auch noch nicht von dem gewaltigen Buch des Oxforder Professors John Tolkien, das vier Jahre zuvor erschienen ist und so radikal mit der Geographie der wirklichen Welt gebrochen hat wie kaum je ein Werk der modernen Literatur.

Auf Ingeborg Bachmanns Vermittlung war Paul Celan 1952 zum Niendorfer Treffen der Gruppe 47 eingeladen worden. Dort hatte man ihn ob seines Vorleseduktus mit Goebbels verglichen. Einige Jahre vorher war Walter Mehring – einer der stilprägenden Lyriker der Zwischenkriegszeit, einst ein Vorbild Bertolt Brechts – von der Gruppe eingeladen, angehört und brüsk gemaßregelt worden. Es ist nicht überliefert, was Mehring vorgelesen hat, aber man würde sich wünschen, es wäre der *Große Emigrantenchoral* gewesen, das furiose Wutgedicht aus der Emigration, geschrieben gegen jedweden Gedanken an Rückkehr.

Werft eure Herzen über alle Grenzen
Und wo ein Blick grüßt, werft die Anker aus!
Zählt auf der Wandrung nicht nach Monden, Wintern,
Lenzen –
Starb eine Welt – Ihr sollt sie nicht bekränzen!
Schärft das euch ein und sagt: Wir sind zu Haus!
Baut euch ein Nest!
Vergeßt – vergeßt
Was man Euch aberkannt und Euch gestohln!
Kommt ihr von Isar, Spree und Waterkant:
Was gibt's da heut zu holn?

Überliefert ist nur, dass die Gruppe 47 Mehrings Literatur «zu kabarettistisch» fand. Und tatsächlich entfaltet Mehring seine Wirkung von jetzt an hauptsächlich in der sogenannten Kleinkunst. Georg Kreisler und Gerhard Bronner, aber auch Hanns Dieter Hüsch und Dieter Hildebrandt lassen sich von seinem Voltaire'schen Ton anregen und besuchen ihn in seinem eigenen südlichen Illyrien: Er lebt im idyllischen Ascona in bitterer Armut. Ähnlich wie ihm geht es Albert Vigoleis Thelen, der 1953 in Bebenhausen aus *Die Insel des zweiten Gesichts* vorliest und dafür von Hans Werner Richter, von dem es kein Werk gibt, das künstlerisch auch nur im Entferntesten an diesen Roman heranreicht, knapp und klar gesagt bekommt: «Dieses Emigrantendeutsch brauchen wir nicht!»

«Es laufen zu viele Mörder frei und frech in diesem Land umher», so Heinrich Böll in seinen Frankfurter Vorlesungen 1966, «viele, denen man nie einen Mord wird nachweisen können. Schuld, Reue, Buße, Einsicht sind nicht zu gesellschaftlichen Kategorien geworden, erst recht nicht zu politischen.»

Es ist nicht zu leugnen: Die Verdienste der Gruppe 47 sind gewaltig. Dass Deutschland schließlich doch demokratischer wurde und dass es sich trotz allem mit der Vergangenheit beschäftigte, war wesentlich diesen Schriftstellern zu verdanken, und wann immer man vergisst, mit welchen pathologischen Widerständen sie es zu tun hatten, ist es eine gute Idee, sich ein paar Minuten von *Der Förster vom Silberwald* oder *Peter schießt den Vogel ab* anzusehen.

Aber auch die Autoren der «Stunde null» wollten unter sich bleiben. Auch ihnen waren die Rückkehrer lästig. So wurde dem Schriftsteller Hans Habe auf seine ausdrückliche Nachfrage aus

New York hin erklärt, dass man ihn keinesfalls einladen wolle, nicht weil er Emigrant, sondern weil er ein Autor der Vorkriegszeit sei; man wolle ja auch Ernst Jünger oder Ina Seidel nicht dabeihaben. All die Leute von früher stünden dem radikalen Neuanfang entgegen.

In Ingeborg Bachmanns Gedicht *Exil,* das die Begegnung mit dem staatenlosen Paul Celan reflektiert, heißt es:

> Ein Toter bin ich der wandelt
> gemeldet nirgends mehr
> unbekannt im Reich des Präfekten
> überzählig in den goldenen Städten
> und im grünenden Land

Kaum einer ihrer Kollegen begreift wie sie den Austausch mit den Emigranten als große Möglichkeit. Und dabei wird doch die internationale literarische Kunst der kommenden Jahrzehnte geprägt sein von exilierten Schriftstellern: neben Celan noch Gombrowicz, Nabokov, Beckett, später Kundera und Brodsky und viel später noch dem aus Chile vertriebenen Roberto Bolaño. Tolkien und Borges hingegen bleiben zwar zu Hause, machen sich aber in ihrer Kunst ins Vor-Anfängliche, ins archaisch Magische davon. Vieles davon berührt Ingeborg Bachmann instinktiv mit ihrem Verweis auf das Illyrien von Viola und Olivia, auf die Komödien, die lachen machen und die zum Weinen sind, auf das ans Meer begnadigte Böhmen. Mittelerde berührt sie hier ebenso wie das Königreich Zembla in Nabokovs *Fahles Feuer* und das Dorf Macondo, in dem sich die Geschichte eines ganzen Kontinents gerade deshalb spiegeln kann, weil es auf der Karte dieses Kontinents nie existiert hat.

Erst sieben Jahre zuvor hat die deutsche Justiz auf Betreiben Fritz Bauers die Attentäter des Zwanzigsten Juli rehabilitiert, die bis dahin noch offiziell als Vaterlandsverräter gegolten haben. Auch Bauer ist Schriftsteller, Autor zahlreicher Bücher zur Theorie von Recht und Strafe, auch Bauer ist in der Emigration gewesen – ein Umstand, den er ebenso wie sein Judentum in allen öffentlichen Äußerungen penibel zu verschweigen sucht, denn die Öffentlichkeit ist seinen Bemühungen gegenüber schon skeptisch genug. Robert Neumann, ein anderer emigrierter Schriftsteller, der im literarischen Milieu der Bundesrepublik kaum mehr Fuß fassen kann, nennt ihn einen «allzu notorisch weißen Elefanten». 1959 beginnt Bauer mit einem Team junger Staatsanwälte, den Prozess gegen zweiundzwanzig Männer vorzubereiten, die in unterschiedlichsten Funktionen das Konzentrationslager Auschwitz am Laufen gehalten haben. Robert Neumann besucht die Verhandlung und ist bestürzt über die Unauffälligkeit der Leute auf der Anklagebank:

> Das Gespenstischste – ein Eindruck, der sich noch verstärkt, da während der Verhandlungspause Publikum, Anwälte, Angeklagte, Polizisten, Journalisten sich im Vorraum vermischen: sowie die alle nicht auf ihren Plätzen sind, sind sie nicht mehr zu unterscheiden. Jeder Anwalt ein potentieller Angeklagter. Jeder Polizist, schaust du nicht scharf hin, trägt die Uniform der SS. Jeder Angeklagte dein Briefträger, Bankbeamter, Nachbar. Es will zu Ende gedacht sein, es ist tief verwirrend.

Die Strafen fallen milde aus, die Richter machen es der Staatsanwaltschaft nicht leicht. Die noch lebenden Leiter von Hitlers Euthanasieprogramm etwa werden nicht in Haft genommen, weil sie dafür angeblich zu krank seien. Einer von ihnen flieht daraufhin nach Argentinien, einem anderen wird wegen eines Nervenleidens Prozessunfähigkeit bescheinigt; er habe, heißt es, nicht mehr als zwei Jahre zu leben. So bleibt er frei und lebt noch mehr als zwanzig Jahre.

Nur sechs der zweiundzwanzig Angeklagten bekommen lebenslänglich, die meisten zwischen vier und sieben Jahren, und zwei, die nicht unmittelbar an Morden beteiligt waren, werden freigesprochen. Mehrmals geschieht es, dass die zum Wachdienst eingeteilten Polizisten vor den Angeklagten beim Betreten des Saales salutieren.

Gewaltig ist allerdings die Empörung, als Fritz Bauer in Dänemark ein Interview gibt, in dem er über die deutsche Bereitwilligkeit, sich Autoritäten zu unterwerfen, klagt. Er wird vom Justizminister einbestellt und muss sich rechtfertigen. Einige deutsche Zeitungen erinnern daran, dass er es sich im Exil ja habe gutgehen lassen, während Deutschland gelitten habe, und dass er sich überhaupt auffällig viel Zeit gelassen habe, bis er nach dem Krieg in die Heimat zurückgekehrt sei.

Als Bauer im Jahr 1968 an Herzversagen stirbt, ist die Adenauerzeit vorbei, auf den Straßen demonstrieren die Studenten – und verwehren, nicht leicht zu verstehen aus heutiger Sicht, ausgerechnet Adorno den Zutritt zum Vorlesungssaal –, und die deutsche Justiz verändert leise die Verjährungsfrist für alle Arten von Beihilfe. Bis heute weiß man nicht, ob es Versehen oder kalte Absicht war, aber die Reform wirkt sich sofort auf die nationalsozialistischen Funktionäre aus. Ihre Taten, eben noch strafbar, sind nun in so gut wie allen Fällen mit einem Schlag verjährt.

Dreißig Jahre später erinnert sich der Schriftsteller W. G. Sebald in seiner Antrittsrede vor der Deutschen Akademie für Sprache und Dichtung an seine Studienzeit:

> Ein ganzes Wintersemester lang rührten wir in einem Proseminar im *Goldenen Topf*, ohne daß auch nur ein einziges Mal die Rede auf das Verhältnis gekommen wäre, in dem diese sonderbare Erzählung stand zu den Realien der ihr unmittelbar voraufgegangenen Zeit, zu den Leichenfeldern vor Dresden und zu dem Hunger und den Seuchen, die damals herrschten in der Elbestadt. Erst als ich 1965 in die Schweiz und ein Jahr darauf nach England ging, begannen sich, aus der Entfernung heraus, in meinem Kopf Gedanken zu bilden über mein Vaterland, und diese Gedanken haben sich, in den mehr als dreißig Jahren, die ich nun schon auswärts lebe, in zunehmendem Maße kompliziert. Die ganze Republik hat für mich etwas eigenartig Irreales, so ungefähr wie ein nicht enden wollendes Déjà-vu.

Sebald bleibt für immer in England, wo er den Einfluss von Autoren wie Nabokov und Borges aufnimmt, von denen das literarische Deutschland wie abgeschirmt ist. Zunächst schreibt er als Germanist sperrig-trockene Analysen, wie es sein Beruf verlangt. Wer seine Aufsätze in chronologischer Folge liest, wird Zeuge einer unerhörten Auflockerung. Die Sätze werden länger, geschmeidiger, spielerischer, sein Schreiben wird frei und vieldeutig. Sein erstes literarisches Werk *Schwindel. Gefühle,* in dem es um Kafka, Stendhal und Sebald selbst geht, ist noch halb Essay und halb Erzählung, ein Buch des Übergangs. Ganz und gar frei ist Sebald dann erst in seinem Hauptwerk *Die Ausgewanderten,* in dem er von vier Männern erzählt, die ihre Heimat Deutschland verlieren. Das Buch ist ein Wunder an melancholischer Eleganz, in dem das Grauen sich stets in der Ferne abspielt und nie in den Mittelpunkt rückt. Aber gerade dadurch bleibt es auf unspektakuläre und furchtbare Weise präsent.

Die Ausgewanderten wird zum größten Achtungserfolg eines deutschen Schriftstellers nach dem Zweiten Weltkrieg. Gabriel García Márquez ist ebenso davon begeistert wie J. M. Coetzee. «*Is literary greatness still possible?*», schreibt Susan Sontag. «*One of the few answers available to English language readers is the work of W. G. Sebald.*» Bald wird kein anderes deutsches Buch so viel an Universitäten in England und Amerika gelesen, gelehrt und diskutiert.

Aber noch ist es nicht so weit. Im Jahr 1990, kurz vor Erscheinen der *Ausgewanderten,* reist Sebald zu einem Vorlesewettbewerb in Klagenfurt, um einen der vier Hauptteile, die Geschichte des Lehrers Paul Bereyter, zu lesen. Die Jury besteht aus einigen der einflussreichsten Personen des deutschen Literaturbetriebs. Und als wäre die Literaturgeschichte dazu verdammt, sich zu wiederholen, als müsste sich noch einmal ereignen, was mit Mehring, Celan und Thelen geschehen ist, wird der Auftritt zu einem Desaster. Sebald wird scharf kritisiert, er bekommt keinen der Preise, und die Zeitungen, die über den Wettbewerb berichten, loben ausdrücklich die gute Arbeit der Jury, die es in diesem Jahr wirklich geschafft habe, die würdigsten Literaten auszuzeichnen.

Kurz darauf beginnt die Geschichte von Sebalds Weltruhm. Am 11. September 2001 ist er in den USA schon so bekannt, dass ein großer Fernsehsender seinen Satz, alle großen Gebäude trügen den Keim ihres Untergangs in sich, als Laufschrift unter die Bilder der einstürzenden Zwillingstürme setzt. In Deutschland ahnt man nichts davon. Als Florian Höllerer, der erste Direktor des neuen Stuttgarter Literaturhauses, Sebald dazu gewinnen kann, die Eröffnungsrede zu halten, wird er von mehreren Seiten gefragt, ob er für einen so wichtigen Anlass denn nicht lieber einen Autor einladen wolle, den man kennt.

Die öffentliche Veranstaltung, bei der Sebald mit einem der wenigen großen Bücher unserer Zeit schmachvoll unterliegt, ist nach Ingeborg Bachmann benannt. «[E]s gibt in der Literatur keine Zielbänder, keine Leistungen dieser Art, kein Überholen und kein Abfallen», sagt sie in der Frankfurter Vorlesung, entschlossen zur Verteidigung der Offenheit.

So ist es wohl unvermeidlich, dass der deutsche Kulturbetrieb nach ihr einen Literaturwettbewerb benennt.

Laut ihrer Biographin Andrea Stoll waren Bachmanns Frankfurter Vorlesungen ein Misserfolg:

> Es war ein verzweifeltes Unterwegssein, an dem sich Bachmann da mit leiser Stimme abarbeitete, eine obsessive Hoffnung auf einen imaginären Sprachraum, die ihre Hörer irritiert und überfordert zurückließ. In den an die Vorlesungen anschließenden Seminaren wurde das ganze Desaster zwischen Dozentin und Studenten offenbar.

Fünf Jahre später stirbt sie an schweren Brandverletzungen: Alkohol und Schlaftabletten, eine brennende Zigarette. Dreiunddreißig Prozent ihrer Haut sind zerstört, so etwas kann man nicht überleben. Es war ihr nicht vorbestimmt, alles hätte anders kommen können. Sie hätte noch zwanzig Bücher schreiben können, Romane, Essays, Erzählungen und Gedichte, geschmäht und akklamiert von der Öffentlichkeit, und bei ihrem Tod, vielleicht im Jahr 2005, hätten die respektvollen Nachrufe die stringente Entwicklung ihres Werkes gelobt. Auch Goethe hätte mit dreißig sterben, auch Büchner hätte achtzig werden können, und wäre das geschehen, kämen uns die Dinge so, wie sie wären, unausweichlich vor. Aber nichts muss sein, wie es ist.

W. G. Sebald stirbt im Jahr 2001 bei einem Autounfall: ein Herzinfarkt am Steuer, dann die Kollision mit einem Baum. Naturgemäß wirkt sein letzter Roman *Austerlitz* wie der notwendige Endpunkt seiner literarischen Entwicklung, aber *Austerlitz* könnte auch ein Buch des Übergangs sein, er könnte seither ganz andere veröffentlicht haben, und bei seinem Tod, vielleicht im Jahr 2029, würden die Nachrufe die stringente Entwicklung seines Werkes hervorheben.

Peter Alexanders letzter Fernsehauftritt findet an seinem achtzigsten Geburtstag statt. Eine Galaveranstaltung, landesweit übertragen: Allerlei Ausschnitte werden gezeigt, Publikumslieblinge teilen Erinnerungen mit, es wird getanzt und gesungen, aber er selbst kommt nicht auf die Bühne. Stattdessen wird eine aufgezeichnete Grußbotschaft abgespielt.

Da sieht man ihn daheim an einem elektrischen Klavier sitzen, er ist dick geschminkt, aber er wirkt erstaunlich frisch und kräftig. Deutschland, sagt er, sei «ein perfekter, wunderbarer Gastgeber» für ihn gewesen, «ich bin immer sehr gerne zu Ihnen gekommen». Er zwinkert in die Kamera, wie er es stets tut, und dann, da er seinen Geburtstag erwähnt, ballt er die Faust und hält sie in «Wir klopfen auf Holz»-Geste an seinen Kopf. Alle alten Mechanismen sind an ihrem Platz, alle Ritualbewegungen funktionieren zuverlässig.

Dann beginnt er auf dem Klavier zu spielen – und spielt zunächst ein paar Takte Jazz. Nicht den Pseudojazz seiner Filme, keinen Gus-Backus- oder Bill-Ramsey-Lärm, sondern echten Jazz, und er summt dazu und trifft die Töne, und es ist nicht peinlich, als wollte er ein einziges Mal das tun, was er zuvor nie gewagt hat. Dann geht der Moment vorbei, und er spielt eines seiner Standardlieder:

Danke schön
Es war bezaubernd
Danke schön
wenn wir auch auseinandergehen
gibt's doch ein Wiedersehen.

Ihm kommen die Tränen, so erwartet man es ja auch, der Moment ist ausgerichtet auf Ergriffenheit. Aber während er singt, vornübergebeugt, mit seinem noch jugendlichen Gesicht über einem etwas aus der Form geratenen Körper in blauem T-Shirt, passiert das: Hinter der routiniert gespielten Tränenrührung taucht in ihm – man sieht es deutlich – der Gedanke auf, dass es tatsächlich kein Wiedersehen geben wird und dies sein allerletzter Auftritt ist. Seine Augen weiten sich, sein Lächeln verschwindet, er starrt in die Kamera und sieht für dieses eine Mal nicht sein Publikum, sondern den Tod.

Etwa vier Sekunden dauert der Moment der Wahrhaftigkeit. Dann kehrt das Lächeln zurück, eine sichtbar unechte Pressträne tritt in sein Auge, aber die Wahrheit ist ihm noch so nahe, dass er sagt: «Vielleicht gibt es ja wirklich ein Wiedersehen», was natürlich das Gegenteil bedeutet. Dann hat er sich wieder im Griff und rettet sich in einen seiner Repertoirescherze: Man werde sich also zu seinem Neunzigsten wiedersehen, aber da werde er den Jopi Heesters mitbringen. Die Zuschauer im Saal, irgendwo in Mainz oder Köln, wo solche Dinge immer stattfinden, lachen fröhlich, wie sie es in diesen Jahren automatisch tun, wenn der Name Heesters fällt; dann stehen sie auf und klatschen, Peter Alexander winkt schelmisch, und tatsächlich tritt er in den fünf Jahren, die ihm noch bleiben, nie mehr vor eine Kamera.

Der Kabarettist Georg Kreisler arbeitet während des Kriegs für Charlie Chaplin und nimmt in New York eine Platte mit Liedern in englischer Sprache auf. Als Mitglied der amerikanischen Armee kommt er nach Europa zurück und arbeitet an der Vorbereitung der Nürnberger Prozesse mit: Er führt das Vorverhör mit Julius Streicher, der sich bei ihm beklagt, dass ihn die Juden jetzt bis aufs Blut verfolgen würden.

«Mag sein», antwortet Kreisler. «Aber vielleicht haben Sie angefangen.»

1955 kehrt er nach Österreich zurück, später lebt er in Berlin, doch er behält immer seinen amerikanischen Pass, und zwar nicht aus Sentimentalität, sondern aus praktischen Erwägungen, denn er befürchtet, was einmal passiert sei, könne wieder geschehen.

1968 nimmt er für eine Schallplatte, denn im Radio kann es unmöglich gesendet werden, das Lied *Der Weg zur Arbeit* auf, scheinbar ein kleines Chanson fürs Kabarett, gesungen zu harmlos plätschernder Musik, in Wahrheit womöglich das klarste Gedicht darüber, wie sich «diese jämmerliche Einträchtigkeit», wie

Ingeborg Bachmann es nannte, angefühlt haben muss: der Alltag unter unbestraften Tätern, in Österreich und in Deutschland, in der Zeit nach dem Krieg.

Jeden Morgen gehe ich
zirka acht Minuten lang,
außer wenn ich krank bin,
von meiner Wohnung in meine Kanzlei.
Das ist schon seit Jahren so.
Ich bin nicht der einzige.
Für die meisten Leute geht
das Leben so vorbei.

Ich grüße freundlich
die Verkäuferin meiner Zeitung.
Sie hat es schwer heute
seit jenem grausigen Prozeß.
Ihr Mann ist eingesperrt
wegen so mancher Überschreitung.
Sie wurde freigesprochen,
denn sie war nicht in der SS –
obwohl sie wußte, was da vorging.

Und ich grüße ebenso
den Friseurgehilfen Navratil,
der auch in der SS war –
oder war es die SA?
Einmal hat er angedeutet,
während er mir die Haare schnitt,
was damals in Dachau
mit dem Rosenblatt geschah.

Er war erst zwanzig,
zwölf Jahre jünger als der Rosenblatt.
Jetzt ist er fünfzig
und ein sehr brauchbarer Friseur.
Guten Tag, Herr Hauptmann –
der heißt nur Hauptmann. Er war Oberst
und hat in Frankreich einige nach Auschwitz expediert.
Er ist noch immer Spediteur.
Es hat sich nichts geändert.

Drüben macht der Hammerschlag
seinen Bücherladen auf.
Ich seh' ihn noch heute vor mir:
Er ist damals so gerannt
und hat direkt vor seinem Buchgeschäft
einen Scheiterhaufen aufgestellt.
Und hat darauf Thomas Mann
und Lion Feuchtwanger verbrannt
und Erich Kästner
und den Kafka und den Heine
und viele andere,
die jetzt sein Schaufenster verzieren.
Und er verkauft sie
mit einem Lächeln an der Leine.
Tja, er muss leben,
und seine Kinder wollen studieren.
Er hat ja selbst den Doktor.

Guten Morgen, Herr Professor!
Wie geht's der Frau Gemahlin?
Danke – Sie sehen blendend aus –

wie bleiben Sie so jung?
Das war Professor Töpfer,
seinerzeit Völkischer Beobachter,
Anthropologie und Rassenkunde.
Jetzt ist er beim Funk.

Grüß Gott, Herr Neumann!
Der ist nichts, der ist erst dreißig.
Was war sein Vater?
Na, der war jedenfalls Soldat.
Guten Morgen, Herr Direktor!
Der ist gute fünfundsechzig,
also muß er was gewesen sein.
Heute ist er Demokrat,
was bleibt ihm sonst schon übrig?

Drüben ist der Eichelberger.
Gummibänder, Hosenträger.
Das hieß früher Blau und Söhne,
Herrentrikotage.
Nebenan war das Café Winkelmann.
Der Winkelmann ist noch zurückgekommen,
dann ist er wieder weggefahren.
Jetzt ist dort eine Garage.

Da kommt die Schule,
da bin ich selber hingegangen.
Mein Deutschprofessor
bezieht noch immer dort Gehalt.
Der schrie: «Heil Hitler!»
Das wird er heute nicht mehr schreien.

Was nur die Kinder bei dem lernen?
Vielleicht vergessen sie es bald.

Ich kann es nicht vergessen.

So – jetzt bin ich endlich
in meine Kanzlei gekommen,
setz' mich an den Schreibtisch
und öffne einen Brief.
Doch bevor ich lesen kann,
muß ich erst die Richtung ändern,
blicke rasch zum Himmel auf
und atme dreimal tief.

ELBEN, SPINNEN, SCHICKSALSSCHWESTERN

Meine Eltern hätten mir nicht erlauben sollen, mit neun Jahren *Die schwarze Spinne* zu lesen. Noch nie hatte ich mich so gefürchtet. Nie zuvor solche Albträume, nie so eine Intensität der Angst. Wir waren in der Schweiz, wo wir immer die Ferien verbrachten, weil mein Vater sich als Kind einer in der Nazizeit verfolgten Familie mit aller Kraft und Sehnsucht in dieses sichere Land gewünscht hatte; darum fuhr er als Erwachsener bei jeder Gelegenheit hin und ärgerte sich täglich über die hohen Preise und die milde Ausländerfeindlichkeit der Einheimischen. So gefiel es ihm, anders wollte er es nicht haben.

Wir verbrachten die Ferien in einem kleinen Haus im verschlafenen Glarner Bergdorf Braunwald. Jeremias Gotthelfs Büchlein stand unbeachtet, unbewacht und vergessen in einer verstaubten Lederausgabe im Regal.

Ich sehe alles noch vor mir. Es ist Nachmittag, ich sitze vor dem Haus, die Berge sind fern und gletscherweiß, der Himmel ist bewölkt, und ich kann nicht glauben, dass solch ein Buch tatsächlich existiert, dass jemand wirklich so etwas erfunden hat. Ich sehe vor mir, wie ich in der Nacht wachliege, weine und nach meiner Mutter rufe, die nicht versteht, warum ich so außer mir bin, das ist doch nur ein Schweizer Klassiker, und als sie aus dem Zimmer gegangen ist, kann ich wieder kaum atmen, weil ich nicht wage, den Kopf unter der Decke hervorzustrecken.

In der nächsten Nacht war es nicht besser, auch nicht in der

Nacht darauf. Es dauerte lange, bis ich darüber hinweggekommen war – *falls* ich je darüber hinwegkam. Und da Menschen widersprüchlich sind und begeistert von dem, was sie erschreckt, glaube ich, dass damals meine Faszination für unheimliche Geschichten ihren Anfang nahm. *Die schwarze Spinne* ist ein böses, schwarzes, krankes, meisterhaftes kleines Buch, von dem man nicht mehr loskommt.

Vom Nicht-mehr-Loskommen handelt es auch. Ein Fluch ist in der Welt, und er wird nicht mehr verschwinden. Da er einmal da ist, muss man Wege finden, mit ihm zu leben. Da er existiert, ist jeder Frieden vergiftet und jede Schönheit eine fromme Lüge. Vergisst man das, ist man des Todes.

Das erste Kapitel, das von einer dörflichen Kindstaufe und dem geselligen Festessen im Kreis gottesfürchtiger Berner Bauern handelt, ist eine so unerträgliche Sauce der Harmonie, ein zu allem Überfluss noch mit Schweizer Wörtern wie Gotte, Voressen, Züpfen, Meitschi, Mädeli und Bäbeli derart dick durchsetzter Kitsch, dass man meinen könnte, in einen Heimatfilm der schlimmsten Art geraten zu sein. Aber der Frieden ist schnell vorbei. Die Rede kommt, gegen Ende des Kindstaufenessens, auf ein schwarzes Stück Holz in der Wand, und ein alter Mann beginnt zu erzählen, was sechshundert Jahre zuvor passiert ist, als ein übelwollender Ritter die Bauern der Ortschaft zum schier unmöglichen Transport von Bäumen auf die Bergeshöhe zwingen wollte.

Damals hat der Teufel in Gestalt eines gutaussehenden Jägers in Grün seine Hilfe angeboten, und eine Frau, die nicht aus diesem, sondern einem anderen Dorf war – was der Autor für wichtig hält, denn er erwähnt es oft, und nur jemand, der Zeit in Schweizer Dörfern zugebracht hat, kann nachvollziehen, wie schwer dieses Detail im Weltbild eines Schweizer Dörflers wiegt –, eine Frau namens Christine also, die nicht aus dem Dorf stammt und außerdem neugierig und selbständig ist, was in Gotthelfs Welt ziemlich schlimm ist, kommt mit dem Teufel in vertrauliche Unterhaltung, verspricht ihm ein ungetauftes Kind als Lohn für seine Hilfe und lässt sich von ihm zur Vertragsbesiegelung auf die Wange küssen. Danach geht natürlich alles gut mit den Bäumen, der Leibhaftige selbst befördert sie bei Nacht auf den Berg, der böse Ritter ist besänftigt, und die Dörfler überlegen gemeinsam, wie sie den Herrn der Finsternis betrügen können, und taufen das Kind sofort nach der Geburt, bevor er es holen kann. Für diesmal wurde der Teufel also ausgetrickst, aber die nächste Geburt kommt bald, und während alle darauf warten, wird der Fleck auf Christines Gesicht, genau dort, wo der Teufel sie geküsst hat, immer größer und nimmt schließlich die Form eines Tieres an:

> Je näher der Tag der Geburt kam, desto schrecklicher ward der Brand auf ihrer Wange, desto mächtiger dehnte der schwarze Punkt sich aus, deutliche Beine streckte er von sich aus, kurze Haare trieb er empor, glänzende Punkte und Streifen erschienen auf seinem Rücken, und zum Kopfe ward der Höcker, und glänzend und giftig blitzte es aus demselben wie aus zwei Augen hervor. Laut auf schrien alle, wenn sie die giftige Kreuzspinne sahen auf Christines Gesicht, und voll Angst und Grauen flohen sie, wenn sie sahen, wie sie fest saß im Gesichte und aus demselben herausgewachsen.

Neun Jahre war ich alt und dachte: Kann man wirklich so schreiben, darf man das, ist das erlaubt? Und lese ich es heute wieder, denke ich: Im Vergleich zu dieser Vision eines Schweizer Biedermeierschriftstellers sind all die Meister des Schreckens, von Poe über Lovecraft bis hin zu Stephen King, beinahe zahme Leute.

Selbst beim Nacherzählen kann einem dieses kleine Buch Angst machen. Das Kind wird geboren, der Pfarrer eilt herbei, es zu taufen, Christine versucht, ihn daran zu hindern, wird aber überwältigt, und in dem Moment, da das Weihwasser das Neugeborene benetzt, passiert etwas mit ihrem Gesicht:

> Da sah sie in des Blitzes fahlem Schein langbeinig, giftig, unzählbar schwarze Spinnchen laufen über ihre Glieder, hinaus in die Nacht, und den Entschwundenen liefen langbeinig, giftig, unzählbar andere nach. Endlich sah sie keine mehr den frühern folgen, der Brand im Gesichte legte sich, die Spinne ließ sich nieder, ward zum fast unsichtbaren Punkte wieder, schaute mit erlöschenden Augen ihrer Höllenbrut nach, die sie geboren hatte und ausgesandt zum Zeichen, wie der Grüne mit sich spaßen lasse.

Diese Spinnen nun töten alles, was sie berühren. Das hübsche Bergpanorama wird zu einer schwarzgiftigen Albtraumwelt. «Denn, wie eine Kuh auf eine Weide den Fuß setzte, so begann es lebendig zu werden am Boden, schwarze, langbeinige Spinnen sprossen auf, schreckliche Alpenblumen krochen auf am Vieh.»

Wieder wird ein Kind geboren, wieder macht der Priester sich auf, es zu taufen, bevor der Gottseibeiuns es holen kann, wieder versucht Christine den Priester aufzuhalten, und geistesgegenwärtig tut er das, was ein Priester in so einer Lage eben tut: Er spritzt sie mit Weihwasser an. Aber:

> Vom geweihten Wasser berührt, schrumpft mit entsetzlichem Zischen Christine zusammen wie Wolle im Feuer, wie Kalch im Wasser, schrumpft zischend, flam-

> mensprühend zusammen bis auf die schwarze, hochaufgeschwollene, grauenvolle Spinne in ihrem Gesichte, schrumpft mit dieser zusammen, zischt in diese hinein, und diese sitzt nun giftstrotzend, trotzig mitten auf dem Kinde.

Wurde je ein unmöglicher Vorgang knapper und überzeugender glaubhaft gemacht als in diesem langen Satz? Wurde je eine Wiederholung kunstvoller gesetzt als dieses mehrfache «schrumpft zusammen»? Und *ist* Christine nun eigentlich die Spinne? Hat sie sich auf gute alte Weise verwandelt, oder gibt es Christine nicht mehr? Gotthelf sagt es nicht, es ist auch egal, ihm wie uns, es hat einfach eine Transformation stattgefunden, wir sind in einem Albtraum, der seine eigene Logik hat.

Dem Priester gelingt es, das Kind zu taufen, aber da er die Spinne berührt hat, stirbt er qualvoll. Bei Gotthelf werden die anständigen Leute nicht vor dem Tod gerettet; dass sie anständig waren, ist ihr einziger Lohn, und Gottes Beistand besteht nur darin, dass er sie gefasster krepieren lässt. Von nun an führt die Spinne ein fürchterliches Regiment im Dorf, sie taucht unerwartet auf, tötet und verschwindet wieder. Sie selbst kann man nicht töten, und ihr entgehen kann man auch nicht:

> Wer am vorsichtigsten niedertrat und mit den Augen am schärfsten spähte, der sah die Spinne plötzlich sitzend auf Hand oder Fuß, sie lief ihm übers Gesicht, saß schwarz und groß ihm auf der Nase und glotzte ihm in die Augen, feurige Stacheln wühlten sich in sein Gebein, der Brand der Hölle schlug über ihm zusammen, bis der Tod ihn streckte. So war die Spinne bald nirgends, bald hier, bald dort, bald im Tale unten, bald auf den Bergen

oben; sie zischte durchs Gras, sie fiel von der Decke, sie tauchte aus dem Boden auf.

Man muss sich das vorstellen. Ein Pastor namens Albert Blitzius, so gottesfürchtig, dass er sich tatsächlich Jeremias Gotthelf nennt, möchte eine Parabel darüber schreiben, wie wichtig es ist, zu den alten Werten zu stehen, wie wichtig vor allem, den Alten zuzuhören, die Überlieferung nicht abreißen zu lassen, fromm und bescheiden zu sein, nicht zu hoch hinauszuwollen. Und auch darüber möchte er schreiben, dass alles Unglück damit anhebt, wenn Frauen selbständig sein wollen und nicht gehorchen. Kein Weg führt daran vorbei, man muss es zugeben: Die Misogynie dieser Novelle ist bodenlos: «So wurden [...] Hochmut und Hoffart heimisch im Tale, fremde Weiber brachten und mehrten beides.» Oder: «Sein Wille lag gebunden in seiner Weiber Willen, und dieses Gebundensein ist allerdings eine schwere Schuld für jeden Mann, und schwerer Verantwortung entrinnt er nicht, weil er anders ist, als Gott ihn will.» Haben Frauen auch nur genug Individualität, um einen Namen zu bekommen, so sind sie bei Gotthelf auch schon von teuflischer Neugierde angesteckt und somit sexuell bedrohlich und moralisch suspekt; und die gute Mutter, die schließlich ihr Leben opfert und die Spinne unschädlich macht, heißt tatsächlich immer nur «das Weibchen». Die Idylle der glücklichen Ragoutesser am Anfang ist eine Welt der erzählenden Männer und schweigenden Frauen, in der keiner je den Wohnort wechselt, keiner sich entwickeln will, jeder sein Haus pflegt, den Herrgott lobt und seinem Lebensabend entgegenbetet. Kein Weg führt daran vorbei, man muss es zugeben: Es ist eine abscheuliche Welt.

Aber – und gäbe es kein Aber, so hätte man es nicht mit großer Literatur zu tun – wer erfindet denn eigentlich die aus einem Gesicht wachsende Spinne, von wem stammen all die Visionen des puren Grauens? In der Geschichte ist es der Teufel, der so die Menschen bestraft, aber in Wirklichkeit ist es doch die Phantasie des frommen Pastors. Gotthelf selbst ist es, der Autor, der den Frieden zerstört, der Spinnen wuchern und Krebsgeschwüre zum Leben erwachen lässt, es ist seine Wut und nicht der Zorn Gottes, die wie der Weltuntergang über das Bergdorf hereinbricht, ja letztlich ist der Spinnenalbtraum nicht so sehr der Gegensatz der frommen Idylle, sondern deren unabtrennbarer Bestandteil.

Immer schon stand die Schweiz im europäischen Bewusstsein für Frieden und aufgehobene Konflikte. Bereits Grimmelshausens Simplicius ist überwältigt von diesem Land, wo kein Krieg herrscht und die Menschen genug zu essen haben:

> Das Land kame mir so frembd vor gegen andern Teutschen Låndern / als wenn ich in Brasilia oder in China gewesen wåre / da sahe ich die Leute in dem Frieden handlen und wandlen / die Stålle stunden voll Viehe / die Baurn-Ho̊f lieffen voll Hůner / Gåns und Endten / die Strassen wurden sicher von den Raisenden gebraucht / die Wirtshåuser sassen voll Leute die sich lustig machten / da war gantz keine Forcht vor dem Feind / keine Sorg vor der Plůnderung / und keine Angst / sein Gut / Leib noch Leben zu verlieren / ein jeder lebte sicher unter seinem Weinstock und Feigenbaum / und zwar gegen andern Teutschen Låndern zu rechnen / in lauter Wollust und Freud / also daß ich dieses Land vor ein irdisch Paradis hielte.

Und gut dreihundert Jahre später sagt Orson Welles im Film *The Third Man* spöttisch: «*In Italy, for thirty years under the Borgias, they had warfare, terror, murder and bloodshed, but they produced*

Michelangelo, Leonardo da Vinci and the Renaissance. In Switzerland, they had brotherly love, they had five hundred years of democracy and peace – and what did that produce? The cuckoo clock.» Der Topos ist solide: Die Schweiz ist das Land der friedlichen, wunderschönen Langeweile. Bemerkenswert also, dass ausgerechnet die Schweiz das schwärzeste Stück schwarzer Romantik hervorgebracht hat. Wie ließ Pastor Blitzius solche Visionen aus seinem Unterbewusstsein hervorsprießen, wie erlaubte er sich so etwas? Man kann ermessen, dass es viel Religion, viel konservative Weltanschauung, viel moralische Absichten brauchte, damit der Pastor so etwas in sich selbst zulassen konnte. Es ist schwer, Gotthelfs Gesellschaftsvision erträglich zu finden, aber ebenso schwer ist es, nicht beeindruckt zu sein von seinem Mut vor allen Kräften der inneren Zensur.

Bald zieht ein Ritter auf Queste aus, um die Spinne zu töten, aber sein Mut ist lächerlich, und das Tier sitzt längst auf seinem Helm: «Was er suchte, trug der Ritter und wußte es nicht», und natürlich stirbt er unter Höllenschmerzen, als sich die Füße der Spinne durch das Eisen hindurch und in sein Gehirn brennen. Erst eine junge Mutter vollbringt das Unmögliche: Während ihr Mann sie im Stich lässt und betont langsam davongeht, um den Priester zu holen – die Schilderung seiner Bereitschaft, Frau und Kind zu opfern, um sich selbst zu retten, ohne dass er dies sich selbst gegenüber zuzugeben bereit wäre, sind ein phantastisches Psychogramm der Schwäche –, bohrt sie ein Loch in einen Holzbalken an der Wand, und als die Spinne das Kleinkind töten will, fasst sie das Monster, steckt es ins Loch, verschließt dieses und stirbt wie jeder, der es berührt hat.

Danach sind wir wieder in der Rahmenhandlung, wieder bei den biederen Bauern und dem erzählenden Alten. Der Großvater macht einen Zeitsprung: Zwei Jahrhunderte lang geht die

Mär von der Spinne im geschwärzten Wandbalken von Mund zu Mund, dann wohnen neue Leute im Haus, die nicht mehr daran glauben; ein Mann, natürlich angestachelt von seiner Mutter und seiner ehrgeizigen Frau, die zu allem Überfluss wie Christine damals «aus der Fremde», also einem anderen Dorf, stammt, baut ein neues Haus, überlässt mit ihrem Mann das alte den Dienstboten und erlaubt, dass ein betrunkener Knecht aus reinem Übermut den Pfropfen herauszieht. Sofort beginnt das Untier zu töten, und das große Sterben beginnt, aber der Mann, der das neue Haus gebaut hat, will seine Kinder schützen, findet die Spinne schließlich weit draußen im Feld und trägt sie mit bloßen Händen zum Haus zurück – ein stundenlanger Weg mit einer zappelnden Höllenspinne in der Hand, man möchte es sich nicht vorstellen, aber Gotthelfs Beschreibungskunst zwingt einen dazu. Er steckt sie zurück ins Holz und stirbt, wie alle anderen, die sie angefasst haben, eines qualvollen Todes.

Dann sind wir wieder in der Gegenwart der Erzählung, wieder in der Idylle des ersten Kapitels, die aber nie eine war, denn wir wissen jetzt, dass die Spinne anwesend war, immerwach und böse, in ihrem hölzernen Verlies. Oder nicht? «Endlich sagte der Vetter: ‹Es ist nur schade, daß man nicht weiß, was an solchen Dingen wahr ist. Alles kann man nicht glauben, und etwas muß doch an der Sache sein, sonst wäre das alte Holz nicht da.›»

Es ist leicht zu verstehen und nicht sehr interessant, was Gotthelf sagen will: Kenne die Tradition, glaube den Alten, interessiere dich dafür, was einst geschehen ist, sonst passiert es wieder. Gebt nicht die alten Rollen auf. Seid fromm. Lasst euch nicht mit dem Teufel ein, ihr könnt ihn nicht betrügen. Und auch das, was Gotthelf sagt, ohne es sagen zu wollen, ist leicht zu verstehen. Nur ein einziges Mal in der Novelle kommt körperliche Anziehung zur Sprache, und zwar zwischen Christine und dem Satan.

> Sie blieb stehen wie gebannt, mußte schauen die rote Feder am Barett und wie das rote Bärtchen lustig auf- und niederging im schwarzen Gesichte. Gellend lachte der Grüne den Männern nach, aber gegen Christine machte er ein zärtlich Gesicht und faßte mit höflicher Gebärde ihre Hand. Christine wollte sie wegziehen, aber sie entrann dem Grünen nicht mehr, es war ihr, als zische Fleisch zwischen glühenden Zangen. Und schöne Worte begann er zu reden, und zu den Worten zwinkerte lüstern sein rot Bärtchen auf und ab.

Der Vertrag wird nicht mit Blut oder Handschlag besiegelt, sondern mit einem Kuss, durchs Begehren tritt das Unheil in die Idylle, und an der Kussstelle wächst der Krebs, bis ein Mensch selbst zu einem lebenden Geschwür wird. Begehren ist das Verbotene schlechthin, deswegen nähert man sich auch besser keinen «wilden» und freien Frauen, sondern nur «Weibchen». Männer sind hier, wie in jedem patriarchalischen Weltbild, immer die Opfer und Frauen die Täter, gleich, ob sie nun begehrt werden oder begehren. Gerade weil all das so durchschaubar ist, ist es auch nicht wirklich von Bedeutung. Denn die Spinne ist nicht einfach die Sexualität. Sie ist auch nicht die Strafe für die Sexualität. Die Spinne bedeutet nichts. Sie ist kein Verweis, sie existiert einfach. Die Spinne ist alles, dem man nicht ins Gesicht sehen will; sie ist das, was es nicht geben sollte und doch gibt. Wer sie berührt, leidet Qualen. Und doch muss man sie berühren, und koste es das Leben.

Letztlich hat Gotthelf, der scheinbar so tugendfromme Autor, genau das getan: Angefasst hat er die Spinne, seiner größten Furcht hat er ins Gesicht gesehen, was kann man von einem Schriftsteller mehr verlangen? *Die schwarze Spinne* ist ein giftiges

Meisterwerk, ähnlich wie Boschs *Garten der Lüste* – auch Bosch, der dunkle Großmeister bizarrer Phantastik, sah sich schließlich als Mahner gegen alles, was ihm frei und unanständig schien. Vielleicht der einzige *creative writing*-Rat, der wirklich etwas zählt: Ein Schriftsteller sollte sein wie Pastor Blitzius. Er sollte die Spinne anfassen. Und noch ein Rat: Man sollte dieses Buch keinen Kindern in die Hände geben, sie schlafen sonst lange schlecht, und in manchen Fällen fangen sie später an zu schreiben.

Eine Spinnen-Szene gibt es auch im *Herrn der Ringe*, es ist wohl die seltsamste des Romans. Die Hobbits Sam und Frodo versuchen über einen geheimen Pass nach Mordor zu gelangen, dort aber lauert die gigantische Spinne Kankra. Frodo wird von ihr überwältigt und in einen Kokon eingesponnen, aber Sam kann entkommen und nimmt den Kampf auf.

> Sam stand noch auf den Beinen; er ließ sein eigenes Schwert fallen und hielt mit beiden Händen die Elbenklinge mit der Spitze nach oben hoch, um das grausige Dach abzuwehren; und so stieß Kankra sich selbst mit der treibenden Kraft ihres eigenen grausamen Willens, mit einer Kraft, die größer war als die irgendeines Recken, auf einen schneidenden Dorn. Tief, tief stach er, während Sam langsam zu Boden gedrückt wurde.

Eine Phantasie der Durchdringung, eine Schilderung mit eigentümlichen sexuellen Untertönen. Die einzige im tausendseitigen Buch.

Kankra die Spinne ordnet sich, wie alle Kreaturen der Dunkelheit, dem Herrn der Ringe aus dem Titel unter. Aber wer ist das nun eigentlich? Die Formulierung kommt im Roman nur einmal vor:

> «Hurra!» rief Pippin und sprang auf. «Hier ist unser edler Vetter! Macht Platz für Frodo, den Herrn des Rings!»
>
> «Pst!» sagte Gandalf aus dem Schatten im Hintergrund des Söllers. «Nichts Böses dringt in dieses Tal; trotzdem sollten wir es nicht mit Namen nennen. Der Herr des Rings ist nicht Frodo, sondern der Gebieter des Dunklen Turms von Mordor, dessen Macht sich wieder auf der Welt ausbreitet. Wir sitzen in einer Festung. Draußen wird es dunkel.»

Dieser titelgebende Gebieter tritt nie auf. Er spricht nie, er wird nicht sichtbar, sogar das pupillenlose Auge, als das er in Träumen und Visionen erscheint und von dem Peter Jackson im Film häufig Gebrauch macht, ist nur eine Metapher für seine körperlose Präsenz und bedrohliche Aufmerksamkeit, denn die Aufgabe der Helden auf ihrem Weg zur Zerstörung des Rings besteht ja bloß darin, ihm nicht *aufzufallen*. Somit kommt es auch nie zu einem Showdown, wie ihn jedes Lehrbuch der Dramaturgie verlangen würde: Weder Frodo noch Gandalf, weder Aragorn noch Galadriel stehen dem Herrn der Ringe je gegenüber. Mit ihm kann keine Konfrontation stattfinden, man kann ihn nicht verhaften und anklagen, es findet keine Verhandlung über ihn statt, kein Urteil wird gesprochen, und keine Bestrafung erfolgt. Mit dem Ende seiner Macht ist er sofort dahin, als wäre er nie da gewesen. Sich nicht zu verantworten, auch in der Niederlage nicht, gehört für Tolkien zum Wesen – oder eigentlich: zur spezifischen Wesenlosigkeit – des Bösen.

Tolkien, der als junger Mann die Schlacht an der Somme miterlebte und von dem man in heutiger Terminologie wohl sagen dürfte, dass er tief traumatisiert war, dachte gründlich über das Jahrhundert nach, dem er dann mit einem schier unerhörten Befreiungsschlag zu entkommen trachtete. So stellte er dem radikal Bösen, also Sauron, das banal und technokratisch Böse zur Seite: den Magier Saruman. Saruman ist der Antagonist, dem man tatsächlich in einer Konfrontation gegenübertreten kann. Er kennt Zwecke und Ziele, und er schlägt sich auf die Seite, von der er meint, dass sie gewinnen wird. In seinem Auftrag werden Wälder abgeholzt und Industrieanlagen gebaut, ja, er manipuliert sogar menschliches Genom, indem er Orks und Menschen kreuzt, und bewirkt alle Arten von Desaster und Zerstörung, aber mit ihm kann man sich auseinandersetzen, und sogar erhellende Diskussionen sind möglich.

Sauron dagegen entzieht sich. Er antwortet nicht. Er ist bis ins Tiefste stumm. Das heißt nicht, dass Sauron der Teufel wäre; er hat es auf niemandes Seele abgesehen, Hannah Arendts umstrittene, aber vermutlich doch nicht falsche Erkenntnis, dass das Böse ohne Abgrund ist, gilt auch für ihn, er will bloß herrschen und quälen. Daher hat er auch nichts von Goethes stilprägender Teufelsfigur, dem geistreichen Mephisto, mit dem man im Grunde gern befreundet wäre, wenn es einen nicht leider die Seele kosten würde. Es scheint Sauron nur als wirkende Kraft zu geben, nicht als psychologische Person, und ist er einmal dahin, löst sich sofort auch seine Schlachtordnung auf, und seine gerade noch so erschreckenden Gefolgsleute stehen so harmlos und blamiert im Feld wie die Kleinbürger, die Robert Neumann auf der Frankfurter Gerichtsbank sah: «Jeder Angeklagte dein Briefträger, Bankbeamter, Nachbar.»

Worum geht es in Mythen? Üblicherweise um Gestirne und

Götter, um alte Helden und große Taten, es geht um Zeiten, lange vergangen, in denen die Dinge ihre wahren Namen trugen, sodass noch keine Kluft war zwischen Gegenstand und Wort. Es geht um Menschen, alt genug, sich an die Schöpfung der Welt zu erinnern, es geht um die als Erinnerung sich ausgebende Sehnsucht nach einer Welt ohne zermürbende Banalität, ohne Ungenügen, kleine Sorgen, kleine Gefühle.

Andererseits geht es auch um Fruchtbarkeit, um Zeugung und Besamung. Immer ergießt sich jemand in jemanden oder in den Boden, woraus dann Nachwuchs ersteht. Um Mutterschaft geht es und gewaltige Frauen, es geht um abgeschnittene Zungen, aus denen Leben ersteht, um Augen, die ausgestochen und auf Bäume gespießt werden, wodurch dann diese Bäume zu sehen vermögen, es geht um Menschen, die zerteilt, zerrissen, gegessen und dann dennoch wieder zusammengesetzt werden, es geht um potenzstarke Esel und formwandelnde Trickster voll brutaler Fortpflanzungsgier, die getötet werden und dennoch leben und dennoch sterben. Mythen sind, alles in allem, eine bizarre Angelegenheit, wildwuchernd und widersprüchlich, und so kehrt man üblicherweise dann doch ratlos und etwas erleichtert zu modernen Geschichten zurück. Da hilft nichts: Wir sind nun mal an narrative Stringenz gewöhnt. Von Figuren, die ebenso Individuen sind wie Allegorien und Naturerscheinungen, bekommen wir Kopfschmerzen; wir lassen davon mit der gleichen Erleichterung ab, mit der wir aus Fieberträumen aufwachen. Mythos ist schön, denken wir, aber Logos hat auch seine Vorteile.

Tolkiens große Operation besteht darin, all dies Befremdliche und wie nebenbei auch alle Sexualität aus dem Mythos zu entfernen. Zwischen Tolkiens Göttern gibt es keine erotische Eifersucht, sie verwandeln sich nicht in Stiere, sie begatten Menschen nicht in Vogelgestalt, sie tragen die leidenschaftslose Ruhe christlicher Erzengel zur Schau – und die einzige mächtige Frau, Galadriel, ist der christlichen Madonna nachgebildet, nicht der großen Mutter der Fruchtbarkeit.

Tolkiens mythische Welt ist ein Heidentum für Christen, und im Umkehrschluss ist sie ein Christentum für moderne Agnostiker. Tolkiens Himmel ist poly- und monotheistisch zugleich: die Valar sind die Schöpfer der Welt, über ihnen aber gibt es noch den einen Gott Illuvatar, der gerecht ist und allmächtig, ganz wie der christliche Allvater des Mittelalters.

Wer sagt denn, dass man einen Kuchen nicht gleichzeitig besitzen und aufessen kann? Mittelerde vereint vorchristliche Freiheit und christliche Autorität. So etwas könnte oberflächlicher Eklektizismus sein, aber es ist eine echte Synthese, vollbracht von einem tiefreligiösen Menschen, dessen große Liebe das Heidentum war. Sogar Tolkiens Erde ist gleichzeitig flach und rund: Von den Valar als Scheibe geschaffen, wird sie in dem Augenblick, da die Unsterblichen Lande für die Menschen nicht mehr erreichbar sein sollen, zur Kugel; nur für die Schiffe der Elben bleibt sie flach – eine sehr persönliche Fassung der Relativitätstheorie.

Zwerge, Drachen und die große Spinne Kankra sind altbewährtes Märchenpersonal, aber Tolkiens Elben stammen aus der altnordischen Mythologie, in der die *álfar,* oder später «Alben», eine dritte Gattung neben Göttern und Menschen sind. Von Anfang an gibt es hier ein Oszillieren zwischen Schrecken und Anziehung: Alben sind Naturgeister, die heilen können, sie bringen aber auch Tod und Krankheit. Snorri Sturluson führt in der *Prosa-Edda* eine Einteilung zwischen Lichtalben, Dunkelalben und Schwarzalben ein. Der Alb als Naturgeist spielt noch in der Figur des Puck in Shakespeares *Sommernachtstraum* eine Rolle: Sowohl Puck als auch sein Herr Oberon sind nicht wirklich böse, aber sie können gefährlich werden; sie sind ungeduldig, herrisch, verspielt wie Kinder, und man sollte keinesfalls ihrer Gutwilligkeit vertrauen. Immerhin verbergen die Alben sich noch in unserem Wort «Albtraum».

Tolkiens Elben stammen von Snorris Lichtalben her. Sie sind die nicht Gefallenen, die nicht sündig gewordenen Wesen. In ihnen erfüllt sich das heidnische Existenzideal, oder eigentlich erfüllt sich in ihnen der abendländische Traum von einer vorchristlich antiken Helligkeit. Keine moralische Forderung waltet über sie, in ihnen trennen sich nicht Anmut und Würde, nicht Ich und Über-Ich, eine Beichte hätte für sie ebenso wenig Sinn wie eine Psychoanalyse, sie sind, was sie sein können, und erstreben nichts außerhalb ihrer Möglichkeiten. Physisches und Geistiges sind ihnen nicht zweierlei. Deshalb sind sie untauglich für Komik: Sie verschlucken sich nicht, rutschen nicht aus, sinken nicht im Schnee ein, verfehlen nie ihr Ziel mit Pfeil und Bogen, werden nicht krank und sterben nicht an natürlichen Ursachen. Der Kosmos ist ihnen nicht feindlich gesinnt.

Aber die Unsterblichkeit der Elben ist unmetaphysisch, sie findet ganz im Hier und Jetzt statt, auf sie wartet kein Schicksal jenseits des blauen Himmels. Die Folge davon ist Melancholie. Elben sind immer schlecht gelaunt. Da die Welt nichts vor ihnen verbirgt, hält sie auch nichts für sie bereit. Alles, was sie sein können, erschöpft sich in einem Diesseits, in dem sie schon so lange gelebt haben, dass sie zu viel haben vergehen sehen, um irgendeiner Erscheinung noch Sympathie schenken zu können. Elben wissen, dass alles stirbt, nicht weil sie das als allgemeine Wahrheit erkannt haben, sondern weil sie wirklich alles schon einmal haben sterben sehen, ganz wie die Menschen in Borges' Erzählung *Der Unsterbliche,* in der sich mit einem Mal herausstellt, dass das Gegenüber des Erzählers, ein unsterblicher Mann, kein anderer ist als der Autor der *Odyssee.* Der Erzähler ist natürlich begeistert, Homer aber beschwichtigt sofort, denn «postuliert man einen unendlichen Zeitraum und eine Unendlichkeit von Umständen und Abwandlungen, so ist es unmöglich, nicht wenigstens einmal die *Odyssee* zu dichten.»

Unmittelbarkeit gibt es ebenso wenig wie sinnliche Gewissheit. Beide Begriffe sind, wie Hegel dargelegt hat, dialektisch vermittelte Konstrukte. Wir sind immer schon uneins mit uns selbst. Wo immer wir die natürliche Welt wahrnehmen, zeigt sie sich uns als gefallen. Unmittelbarkeit kann nur als vergangen vorgestellt werden, in der Gegenwart ist sie nicht möglich. Deshalb ist alles Mythische immer schon vorbei.

Tolkien weiß das genau. Der Roman *Der Herr der Ringe* erzählt eben nicht den Mythos, den Tolkien zum Leben erwecken will, sondern er erzählt eine vorgeblich moderne Geschichte vor fiktiv-mythischem Hintergrund, und eben dadurch fühlt sich jener Hintergrund real an – eine Konstruktion von zutiefst dialektischer Raffinesse.

Frodo und seine Zeitgenossen leben in einer Nachwelt voller Ruinen, übrig geblieben aus einer unendlich lange zurückliegenden großen Zeit. Ein paar Zeugen gibt es noch, die das vergangene Zweite Zeitalter miterlebt haben, aber sie wissen, dass auch dieses bereits Nachwelt und blasses Echo war. Und auch das Erste Zeitalter, als Menschen und Elben gemeinsam gegen Morgoth ins Feld zogen, lag bereits lange nach einem Anfang, der bei jedem Schritt auf ihn zu weiter ins Unerreichbare zurückweicht.

Bilbo und Gandalf gehören zu den letzten Personen auf Mittelerde, die noch einen Drachen gesehen haben; in der Gegenwart des Romans aber werden Leute, die behaupten, dass es Drachen wirklich einmal gegeben habe, schon verlacht. Mittelerde steht nicht still, sondern ist in ständiger Wandlung begriffen, unablässig wird aus dem Heiligen das Profane, aus dem Erhabenen banal moderner Alltag; mit anderen Worten: Mittelerde wird Tag für Tag mehr zu der Erde, auf der wir, Tolkiens Leser, leben. Die phantastischen Wesen, all die Zauberer, Zwerge und Elben, sehen sich selbst als die Modernen, unwiederbringlich getrennt von einem Ursprung, den sie nur aus Legenden kennen. Erst auf dem Hang des Schicksalsbergs, Auge in Auge mit dem Tod, kommt Sam in einem Anflug von Galgenhumor der scheinbar absurde Gedanke, dass man später sogar Heldenlieder über Frodo und ihn singen könnte:

> In was für einer Geschichte wir gelandet sind, Herr Frodo, nicht wahr? Ich wünschte, ich könnte es hören, wenn sie erzählt wird! Glaubst du, sie werden sagen: *Jetzt kommt die Geschichte von dem neunfingrigen Frodo und dem Ring des Schicksals?* Und dann werden alle still sein, wie wir es waren, als sie uns in Bruchtal die Geschichte von Beren, dem Einhändigen, und dem großen Edelstein erzählten. Ich wünschte, ich könnte es hören! Und ich wüßte gern, wie sie nach unserem Teil weitergeht.

Dieser Moment ist die Erfüllung der dialektischen Bewegung des Romans – der Augenblick, da die mythenferne Gegenwart selbst begreift, dass sie einst in einen Mythos verwandelt sein wird. Denn die beiden Hobbits haben ja eine epochale Tat begangen, und man hält einen Roman über sie in Händen, der dem Pathos alter Heldenlieder näher kommt als irgendein Werk der modernen Literatur. Damit die beiden aber zu mythischer Größe finden können, müssen sie sterben. Nur das abgeschlossene, das zeitlich weit entfernte Ereignis ist mythentauglich.

Mythen sind keine Storys, es geht bei ihnen nicht um Spannung und Überraschung. Wo der Mythos in Gestalt eines Plots erscheint, ist er schon auf moderne Weise archiviert und in einem Kompendium abgelegt. Wo Mythos noch lebendig ist, kann er nicht erzählt, sondern nur wiedererzählt werden, er ist das immer schon Vorausgesetzte, das jedem lang Bekannte. Auch deshalb ist Tolkiens wichtigstes Stilmittel die Zurückhaltung von Information. Das *Silmarillion,* in dem man die alten Ereignisse Mittelerdes nachschlagen kann, ist kein Werk von literarischer Bedeutung, kaum einer würde es lesen, hätte nicht der *Herr der Ringe* ihn zuvor in Bann geschlagen. Der Roman aber lebt gerade davon, dass er sich auf seine Hintergrundmythologie nur in Andeutungen bezieht, dass er sie behandelt wie etwas, das der Leser bereits kennt. Nur bruchstückhaft und wie nebenbei wird etwas davon mitgeteilt, so wie eben auch jeder Roman, der in unserer Gegenwart spielt, gar nicht umhinkann, etwas darüber mitzuteilen, in was für ideologischen Systemen wir uns bewegen und welche geschichtlichen Ereignisse uns geprägt haben. Nur dadurch, dass des Lesers Wissen über Tolkiens Mythensystem immer lückenhaft bleibt, wird dieses System so real, dass es nicht weniger konsistent erscheint als jenes der alten Griechen oder der Eddas.

Am Ende des dritten Bandes ist es schließlich vollbracht. Sauron ist vernichtet, es sollte zu Ende sein. Das würden die dramaturgischen Lehrbücher vorschreiben. Aber es ist nicht zu Ende. Es geht weiter.

In Wahrheit ist ja nie etwas vorbei. Nach der gewonnenen Schlacht müssen die Scherben aufgelesen werden. Nach jedem Krieg beginnt die Nachkriegszeit mit ihrer moralischen Unordnung. Viele Übeltäter entgehen der Strafverfolgung, Sühne ist ein schöner Traum, Gerechtigkeit nicht herstellbar, weder auf Erden noch in Mittelerde. Der besiegte Saruman sammelt eine

Schar gekränkter Kriegsverlierer um sich und macht sich davon – und zwar ausgerechnet in die Heimat der vier Hobbits, die gerade mit ihrem Heldentum die Welt gerettet haben. Als sie zurückkommen, nach pathetischen Zeremonien, langen Abschieden, bewegenden Paraden, in Erwartung friedlichen Zivillebens, finden sie daheim eine hässliche Schmalspurdiktatur vor. Nach dem großen Abschluss kommt der kleine, nach dem letzten Gefecht das nächste. Es fällt den vieren nicht schwer, Saruman, der nur mehr ein Schatten seines früheren Selbst ist, abzusetzen, und als Frodo sich weigert, ihn zu töten, bestätigt ihm ausgerechnet der Zauberer, dass sein Entwicklungsroman nun zu Ende ist.

> Du bist groß geworden, Halbling. Ja, du bist sehr groß geworden. Du bist weise und grausam. Du hast meine Rache der Süße beraubt, und in Bitterkeit muß ich nun von dannen gehen, ein Schuldner deiner Barmherzigkeit. Das hasse ich, und dich auch. Gut, ich gehe und werde dich nicht mehr belästigen. Aber erwarte nicht von mir, daß ich dir Gesundheit und langes Leben wünsche. Beides wirst du nicht haben. Aber das ist nicht meine Tat. Ich sage es nur voraus.

Dann vollführt Tolkien seine letzte mythenschöpferische Wendung: Der Roman nimmt von allem, was magisch und phantastisch war, selbst Abschied; er stellt jene banale Gegenwart her, vor der fliehen zu können er uns für die Dauer der Lektüre hat hoffen lassen. Die Zwerge verschwinden in ihre Dome unter den Bergen, die Elben verlassen die Welt: «Dann ritten Elrond und Galadriel weiter; denn das Dritte Zeitalter war vorüber und die Tage der Ringe vergangen, und das Ende der Geschichte und des Liedes jener Zeiten war gekommen.» In einem großen Zug reisen die letzten phantastischen Wesen zu den grauen Anfurten, und Frodo, der den Ring getragen hat und dabei unheilbar verletzt wurde, geht mit ihnen. Der liebenswürdige Jedermann Sam begleitet ihn noch bis zum Steg, dann legen die Schiffe ab. «Ja, ich bin zurück.» Sams letzte Worte, die auch die letzten des Romans sind, gerichtet an seine ihn in biedermeierlichem Familienglück erwartende Frau, könnte ebenso gut der Leser sagen. Sam ist jetzt Bewohner einer radikal entzauberten Welt. Wir kennen sie gut. Es ist die unsere.

Der Herr der Ringe ist ein Sprachkunstwerk von ähnlicher Komplexität wie *Ulysses* oder *Der Mann ohne Eigenschaften,* aber weil darin nun einmal Zwerge mit Äxten vorkommen, weil gezaubert und gekämpft wird und weil Orks sich nachts durch die Wälder schleichen, ist es leicht, das zu übersehen. Und ich gebe zu: Wenn ich meinen Sohn mit seinem Lego-Gandalf spielen sehe, erfüllt mich fast so große Wehmut, wie wenn ich lese, wie Sam für immer Abschied nimmt von seinem geliebten Herrn.

Die Kleinfamilie, abgeschnitten von der Welt: Jack Torrance, Schriftsteller, Trinker, Familienvater, hat die Aufgabe übernommen, auf ein verlassenes Hotel aufzupassen. Allein mit Frau und Kind überwintert er, abgeschnitten von der Außenwelt, im tiefen Schnee.

Als Erstes merkt es der Sohn. Danny ist empfänglich für die Atmosphäre von Orten, für die Gedanken von Menschen, auch hat er oft Visionen. Etwas ist mit dem Hotel nicht in Ordnung. Etwas lauert, und es will ihm übel.

Nach einer Weile merkt es auch Jack. Er ist nicht so begabt wie Danny, aber er ist auch nicht gerade stumpf. Er hört Stimmen, und bald sieht er Leute, die eigentlich nicht hier sein sollten. Sie wollen etwas von ihm. Sie wollen, dass er einer von ihnen wird, sie wollen, dass er wieder trinkt, und vor allem wollen sie seinen Sohn.

Aber warum? Die Erscheinungen wollen Danny nicht einfach so, sondern sie wollen ihn – und das ist die zentrale Idee von Stephen Kings Roman –, weil sie durch ihn erst existieren. Sie wollen ihn, weil seine Aufnahmefähigkeit es ihnen möglich macht, in die Wirklichkeit zu treten. Die Geister wollen Danny, weil es ohne Danny keine Geister gibt.

J. R. R. Tolkien hat kaum Schüler, aber er hat einen Antipoden. Tolkiens literarisches Projekt ist die Leugnung aller Banalität der modernen Welt. Stephen Kings Projekt ist die Leugnung all dessen, was einen vor dieser Banalität retten könnte. Seine Stärke liegt dort, wo man sie eigentlich nicht vermutet: im Realismus. Buch um Buch wagt er sich dahin, wo man nicht sein möchte, in eine Welt des Alkoholismus und der täglichen Gewalt, der bitteren Armut, der allgegenwärtigen Gemeinheit. Das wahre Zentrum von *Shining* bildet der nur in einer kurzen Rückblende herbeigerufene Moment, in dem der betrunkene Jack den Arm seines kleinen Sohnes packt und so fest daran dreht, dass dieser bricht. Kings Schrecken sind irdischer Art. Sie entstehen aus der Vision einer Welt, in der es keine Kunst, kein Spiel, keine Form und keine Befreiung jenseits der kurzen Zufriedenheit durch Bier, Baseball und Fernsehen gibt. Wenn in seinem Zombie-Roman *Puls* Schuberts *Ave Maria* gehört wird, so gefällt das zwar den Untoten, aber alle noch menschlichen Wesen fühlen sich von solch grauenhaftem Gejaule belästigt – und das ist keine Ironie, das meint er ernst. Nur ein Schriftsteller, der keine Erlösung durch Distanz und Stil kennt, würde es über sich bringen, so quälend ausführlich wie in *Friedhof der Kuscheltiere* das Leiden eines Vaters zu schildern, dessen Sohn von einem Lastwagen überrollt wurde. Während

Tolkien fast jede seiner Hauptfiguren – Gandalf, Frodo, Aragorn, Pippin – einmal mit allem dazugehörigen Pathos sterben lässt, nur um sie dann doch wieder durch Wunder oder unerwartete Wendungen zurückzuholen, weil er es einfach nicht über sich bringt, lässt King uns immer spüren, dass er seinen Figuren nicht beistehen wird und dass es keine Grenzen dafür gibt, was Menschen an schlimmen Dingen zustoßen kann.

Die Wahrheit von *Shining* ist also kein Geist, sondern ein Vater, der in nicht zu bändigender Wut einem wehrlosen Kind den Arm bricht. Die Wahrheit von *Friedhof der Kuscheltiere* ist kein Indianerfriedhofzauber, sondern ein Lastwagen, der ein Kinderleben auslöscht, wie man eine Fliege tötet. Die Wahrheit von *Puls* sind nicht die Zombies, sondern ein paar Verzweifelte, die in einer Welt der verdummten Massen zu überleben versuchen.

Deshalb kann Stephen King auch so leicht zwischen unterschiedlichen imaginären Wesen wechseln: Ob Außerirdische, Geister, Vampire, Zombies oder böse Hunde, das spielt letztlich keine Rolle, weil das Schicksal nach dem Tod und Hamlets Frage, ob Wanderer aus dessen Bezirk wiederkehren, eben nicht Gegenstand seiner Obsession sind, während der Alkoholismus in fast jedem seiner Romane vorkommt. Stephen Kings Bücher scheinen eine Welt hinter dieser Welt zu beschwören, aber letztlich ist auch sein Totenreich nur eine Erweiterung des einen und einzigen allumfassenden Diesseits.

Danny erschafft durch seine Empfänglichkeit für die Vergangenheit des Ortes, an dem er sich befindet, die Geister, die ihn besitzen wollen. Sie wollen ihn, weil seine Begabung die Wurzel ihrer Existenz ist. Die Existenzbedingung der Gespenster ist die Vergangenheit des Overlook-Hotels: Aus den Jahre zurückliegenden Leiden und Schmerzen, aus all den Untaten und Verbrechen, die das Gebäude gesehen hat, erstehen die Toten neu, um jenen

Lebenden gegenüberzutreten, die noch den Instinkt haben, die vergangenen Schrecken zu ahnen.

Gespenster erstehen aus unserer Angst vor der Vergangenheit der Räume, in denen wir leben – nicht so sehr der Angst vor einer konkreten Vergangenheit, sondern der Angst vor dem Umstand, dass sie überhaupt Vergangenheit haben. In unseren Gebäuden sind Dinge passiert, von denen wir nichts wissen. In unseren Zimmern haben Menschen gelebt und gelitten; wo jetzt unsere Kinder spielen, sind Menschen gestorben; und wo wir sterben, werden Kinder spielen und von uns nichts wissen.

Der in der Populärkultur noch beliebtere Halbbruder des Gespenstes ist der Zombie. Wie Geister sind die Zombies sowohl ab- als auch anwesend, aber sie sind das Gegenteil der Geister: nicht Präsenz ohne Aktivität, sondern Aktivität ohne Präsenz. Der Zombie besteht nur aus blinder Tätigkeit, hinter der kein Wille steht, kein Bewusstsein, also keine Person.

Daher ist die wahre Hauptfigur des Zombiedramas auch nicht der Untote, sondern der von ihm Verfolgte. In den meisten Zombiegeschichten gibt es eine Wendung, die wie eine dramaturgische Schwäche wirkt, auf die aber offenbar nur schwer verzichtet werden kann: Der Verfolgte steht vor einem Menschen, der ihm vor kurzem noch nahegestanden hat und nun zu einem Zombie geworden ist. Der Verfolgte hebt die Waffe und tötet ohne Zögern.

Besäße man keine Empathie, so gäbe es auch keine Mitmenschen, sondern nur biologische Maschinen. Dass die anderen denken, ist reine Hypothese; dass die anderen fühlen, eher unwahrscheinlich. Diese Haltung ist in sich konsistent, ja, sie wäre sogar unwiderlegbar: Nicht Personen ohne Mitleid sind erstaunlich, sondern es ist erstaunlich, dass Mitleid eine Grundtatsache fast jeder menschlichen Seele ist. Das Wesen des Zombiedramas liegt darin, dass es jedem Zuschauer für den Preis einer Kinokarte oder eines Taschenbuchs den Blick des Psychopathen erlaubt. Der Zombie ist ein menschlicher Organismus wie wir, aber da er weder denkt noch fühlt, gibt es keinen Grund, mit ihm Mitleid zu haben. Der Zombie ist der Mitmensch, gereinigt von allem, was Empathie einfordern kann.

Jeder von uns spürt, dass die Empathielosigkeit eine reale Möglichkeit ist. Der Augenblick, da ein bisher geliebter Mensch vom Zombie gebissen und selbst zum Untoten wird, ist im Grunde keine Transformation dieses Menschen, sondern nur eine Transformation des Blickes. Es ist immer möglich, eine Menschenansammlung als wirres Ameisengewimmel wahrzunehmen, in dessen Mitte man selbst steht, als einziges Wesen mit Bewusstsein. Aus moralischen Gründen verbietet sich das, aber logisch spricht nichts dagegen, und solange man *Dawn of the Dead* oder *World War Z* sieht oder Stephen Kings *Puls* liest, darf man es sich gestatten. Man glaubt, die wohlige Angst, die man spürt, sei die Angst vor dem aus dem Grab Zurückgekehrten. In Wahrheit fürchtet man sich vor sich selbst – vor dem, der man sein könnte und der man mit einem Teil seines Wesens, den man nicht kennen will und vielleicht nicht einmal kennen sollte, auch ist.

Phantastische Wesen sind erfunden – per definitionem. Man darf so ziemlich alles über sie sagen, man kann sie nicht verleumden, beleidigen oder ihnen Unrecht tun. Weder die Gebote der Höflichkeit noch die der Gerechtigkeit haben im Zusammenhang mit ihnen irgendeinen Sinn. Mit einer Ausnahme: den Hexen.

Denn Hexen gab es ja: unzählige davon, als unschuldig Angeklagte. Über hunderttausend Menschen fielen den Hexenprozessen der frühen Neuzeit zum Opfer. Wer über Hexen spricht, darf nicht der Folklore verfallen: Knusper, knusper, Knäuschen, Hexenhaus und Hexenbesen, der Ofen, in dem Kinder gebacken werden, Engelbert Humperdincks unterhaltsame Oper, das *Blair Witch Project* – all dem liegen vieltausendfaches Leid und echte Folter zugrunde, Scheiterhaufen, die tatsächlich gebrannt haben.

Die berühmtesten Hexen, ja vielleicht die folgenreichsten phantastischen Wesen der Literatur, weil ihrer bildprägenden Kraft wegen nicht nur andere Figuren erfunden, sondern lebende Menschen verdächtigt und verfolgt wurden, sind wohl die drei *weird sisters* (das Wort *weird* heißt nicht nur «seltsam», es schwingen darin, noch hörbar für die Zeitgenossen, Konnotationen des altenglischen *wyrd* für Schicksal mit, es handelt sich also um Schicksalsschwestern), die einem arglosen schottischen Krieger im Nebel auflauern. Shakespeare erfand sie, um König Jakob I., der sich obsessiv vor Hexerei fürchtete, ein Stück nach seinem Geschmack zu geben; aber wie es eben so geht, wenn man der beste Schriftsteller von allen ist, wurden seine Hexen die unheimlichsten und glaubhaftesten.

Aber was tun sie eigentlich, wodurch bringen sie Unheil? Im Grunde durch selbsterfüllende Prophezeiungen. Zu Beginn eine Voraussage, die tatsächlich eintrifft: «*All hail, Macbeth, hail to thee, Thane of Cawdor!*» Sie begrüßen Macbeth mit einem Titel, von dem er noch nicht weiß, dass er ihn tatsächlich schon trägt, weil er nicht dabei war, als der König den Thane of Cawdor töten ließ und dessen Titel Macbeth verlieh.

Und dann sagen sie ihm, dass er König sein wird. Da nun die erste Voraussage sich erfüllt hat, könnte Macbeth getrost die Dinge auf sich beruhen lassen, denn es ist ja das Wesen einer Voraussage, dass sie eintreffen wird, egal, was man tut. Zu Beginn weiß er das auch noch: «*If chance will have me king, why, chance may crown me, without my stir.*» («Will das Schicksal mich als König, nun, mag mich das Schicksal krönen, tu' ich auch nichts.») Das ist natürlich richtig, aber der Moment logischer Klarheit hält nicht an, seine Sinne vernebeln sich, und das Paradox ergreift ihn: Weil es geschehen wird, kann es geschehen, und weil es geschehen kann, muss er es möglich machen, sonst wird es nicht geschehen. Daher muss er den, der seinem Weg zum Königtum im Weg steht, töten: den König.

Vor der wirklichen Tat schreckt Macbeth noch zurück, aber seine Frau spricht die Beschwörungsformel, die es ihr überhaupt erst ermöglicht, so hart zu werden, dass sie ihren Mann dazu drängen kann, es zu vollbringen – so hart, wie ihrer Meinung nach Frauen gar nicht sein können:

Come; you Spirits
That tend on mortal thoughts, unsex me here,
And fill me, from the crown to the toe, top-full
Of direst cruelty!

Kommt, Geister, die ihr lauscht
Auf Mordgedanken und entweibt mich hier;
Füllt mich vom Wirbel bis zur Zeh', randvoll
Mit wilder Grausamkeit!

Das ist keine Rhetorik, das ist eine Geisterbeschwörung. Lady Macbeth öffnet sich den Kräften der Dunkelheit und weist das Mitleid als Versuchung von sich. Es ist gar nicht leicht, kein Mitleid zu haben, dafür braucht man Entschlossenheit, und die meisten Menschen brauchen dafür auch Hilfe. Erst durch die Mitwirkung der Geister, die sie gerufen hat, wird sie in der Lage sein, ihren vor dem Mord zurückschreckenden Mann mit größter Härte anzutreiben, bis dieser schließlich bewerkstelligt, was sie dann wiederum zu sehen nicht erträgt. Denn natürlich ist alles härter und schwerer als erwartet, es fließt mehr Blut, als beide es sich vorgestellt haben, und vor Aufregung nimmt Macbeth die Dolche mit, die er doch eigentlich als falsche Spur bei den Leichen hätte lassen sollen, sodass Lady Macbeth die Waffen zurück an den Ort der Tat bringen muss. Die wohl zeitlose Erfahrung jedes Mörders bei seinem ersten Mal: «*Yet who would have thought the old man to have had so much blood in him?*» («Aber wer hätte gedacht, dass der alte Mann noch so viel Blut in sich hätte?»)

Immer ist man versucht, Entschuldigungen für Macbeth zu finden – als wäre er nur ein Spielball anderer Leute, einerseits der Hexen, andererseits seiner ehrgeizigen Frau. So brillant ist er, so überzeugend. Aber die Wahrheit ist, dass die Hexen ihm doch nur sagen, was ohnehin geschehen wird, und dass Lady Macbeth zwar zu Beginn voller Tatendrang ist, aber dann nicht fähig, den König zu töten, da er sie im Schlaf an ihren Vater erinnert. Später kann sie die Gewissensqual nicht ertragen und begeht Selbstmord. Das radikal Böse verkörpern weder die Hexen noch die Lady – sondern ausschließlich der Mann, der tatsächlich die Bluttaten vollzieht, aus Machtgier zunächst und dann, weil jemand, der einmal angefangen hat zu töten, nicht mehr so einfach aufhören kann: «*I am in blood stepp'd in so far that, should I wade no more, returning were as tedious as go o'er.*» («Ich bin einmal so tief in Blut gestiegen, daß, wollt ich nun im Waten stillestehn, Rückkehr so schwierig wär, als durchzugehn.»)

Die ersten Morde bringt er noch selbst über die Bühne, danach braucht er Mittäter. Deren Willfährigkeit reicht ihm nicht, sie müssen das, was sie tun, auch wollen, sie dürfen keine reinen Befehlsempfänger, sondern sie müssen ganz und gar mitschuldig sein. Wenn Macbeth die Tötung Banquos in Auftrag gibt, läuft er eigentlich ganz unnötigerweise zu allen Höhen der Verführungsrhetorik auf, damit die zwei gedungenen Mörder, die ohnehin seinen Befehl ausgeführt hätten, auch mit ausreichender Überzeugung handeln. Und wenn es später um die Ermordung der Familie des geflohenen Macduff geht, muss der Herrscher gar nicht mehr in Erscheinung treten, sein Wille ist bekannt und wird vollzogen, ohne dass er ihn noch äußern müsste. Nur zu Beginn muss der Diktator sich die Hände schmutzig machen – und dann wieder ganz am Ende, wenn das Kartenhaus zusammenbricht und von allen Seiten die Rächer auf ihn einstürmen.

Auch Macbeth stirbt, ohne sich zu rechtfertigen. Dabei ist er weder stumm noch sprachlos. Er ist ein hochintelligenter Mann, der die Dinge durchschaut, vor sich selbst nichts beschönigt und versteht, was mit ihm vorgeht. Schuldig aber fühlt er sich nie, und der Moment, da seine Frau sich selbst tötet, ist ihm vor allem Anlass zu generellen Überlegungen über die Hinfälligkeit menschlichen Strebens:

Out, out, brief candle!
Life's but a walking shadow; a poor player,
That struts and frets his hour upon the stage
And then is heard no more; it is a tale
Told by an idiot, full of sound and fury,
Signifying nothing.

Aus! kleines Licht! –
Leben ist nur ein wandelnd Schattenbild;
Ein armer Komödiant, der spreizt und knirscht
Sein Stündchen auf der Bühn', und dann nicht mehr
Vernommen wird; ein Märchen ist's, erzählt

Von einem Blöden, voller Klang und Wut,
Das nichts bedeutet.

Als Macbeth klarwird, dass die Hexen ihn mit einer korrekten Voraussage auf eine falsche Fährte gelockt haben, dass also tatsächlich der Wald in Waffen auf sein Schloss zumarschiert und er es mit einem Mann zu tun hat, der nicht vom Weibe geboren ist und ihn daher der Voraussage gemäß töten kann – in dem Augenblick also, da er keine Hoffnung mehr hat, verstummt er. Er greift zum Schwert, lässt den Schild fallen und sucht den Tod. Wie Iago am Schluss von *Othello* zieht er das Sterben dem Gespräch vor.

Auch die Hexen geben nie darüber Auskunft, aus welchem Grund sie das blutige Spiel überhaupt in Bewegung gebracht haben. Sie brauchen auch keinen: Tiefe Unruhe liegt in diesem Stück auf allen und allem. So, wie der Dolch, der Macbeth vor der Bluttat in der Luft schwebend erscheint, nicht einfach seine Einbildung ist, sondern eine objektive Erscheinung, Wirklichkeit geworden aus dem Innersten einer Welt, die nur Gewalt kennt, und so wie Banquos Geist beim Bankett nicht gekommen ist, um in Macbeth Gewissensbisse zu wecken, sondern einfach da ist, weil er da ist und nicht ganz sterben kann, so sind die Hexen übelwollend ohne Ursache und ohne ein anderes Ziel, als Chaos sprießen zu lassen wie dunkle Spinnen auf grüner Flur. Auf geheimnisvolle Art scheinen sie nicht weniger, sondern mehr gesättigt mit Realität als die anderen Figuren, mehr noch als Lady Macbeth und ihr König, mehr als Banquo, Macduff und sogar der Narr, der einen rätselhaften Kurzauftritt hat wie ein Gast aus einer ganz anderen Art von Stück, mehr auch als die schottischen Highlands, aus deren Nebel sie erscheinen und die Shakespeare wohl selbst nie gesehen hat.

Einem englischen Theater-Aberglauben zufolge bringt es Unglück, den Namen dieses Stücks auch nur auszusprechen, sodass man lieber nur «*the Scottish play*» sagt. Das schottische Stück also, «*a tale signifying nothing*», ist selbst wie der schwebende Dolch in der Mordnacht: eine dunkle Weltvision, rätselhaft und monolithisch, ein Tafelgemälde verzweifelter Seelen, die zugleich beredt sind, wie nur Menschen Shakespeares es sein können, und sprachlos. «*Fair is foul and foul is fair*», singen die Schicksalsschwestern ihr Credo. Macbeth muss nicht telepathisch veranlagt sein, er braucht kein *Shining*, um sie zu hören, Macduff hört sie ebenso, sie sind auch keine mythischen Figuren, sie sind real, vulgär und zeitlos, und obgleich es keinerlei Sinn hat, dass es sie gibt, stehen sie doch da, umgeben von Nebel, und warten auf Menschen, die töricht genug sind, ihre Prophezeiungen anzuhören, die wahr werden, obgleich sie Lügen sind.

ROBIN GOODFELLOWS REISE UM DIE ERDE IN VIERZIG MINUTEN

Angespült an Illyriens Küste, beschließt Shakespeares Viola, von nun an ein Mann zu sein. Sie nennt sich Cesario. Die Herzogin Olivia verliebt sich in sie beziehungsweise ihn, denn sie hält sie ja für einen Mann, und möchte ihn heiraten. Herzog Orsino möchte wiederum Herzogin Olivia heiraten, aber diese weist ihn ab, da sie erstens gar nicht heiraten will und zweitens, wenn überhaupt, allenfalls Cesario – also Viola. Viola hat einen Zwillingsbruder namens Sebastian. Die beiden haben einander beim Schiffsunglück verloren, jeder meint, der andere wäre tot, aber naturgemäß sehen sie einander zum Verwechseln ähnlich, vor allem solange Viola sich als Mann, also als Cesario verkleidet; und übrigens ist Viola in Herzog Orsino verliebt, dessen Gefolgsmann sie darstellt. Orsino erwidert diese Zuneigung, was ihn selbst nicht wenig verwirrt, denn er hält sie ja für einen Mann. Violas Bruder Sebastian nun verschlägt es ebenfalls nach Illyrien, sofort wird er für Cesario gehalten, umgekehrt stoßen von jetzt an Cesario, also Viola, seltsame Verwechslungen zu, als ginge da ein Zweiter umher, der aussieht wie sie beziehungsweise er.

Daneben gibt es noch andere Handlungsstränge; zum Beispiel ist da ein Hofbediensteter namens Malvolio, dem böswillige Leute einreden, die Herzogin sei verliebt in ihn. Heute ist so etwas witzig, in einer feudalen Gesellschaft aber ist es die äußerste Übertretung aller Schranken: Malvolio gibt sich den allzeit beherzigenswerten Rat «*Be not afraid of greatness!*», beginnt mit der Herzogin zu flirten und macht sich damit nicht einfach nur zum Narren, sondern er ruiniert sein Leben. Es gibt auch einen echten, also hauptberuflichen Narren, er heißt Feste und singt betörend vieldeutige Lieder; er scheint zu ahnen, dass er sich in einem Theaterstück befindet, aber im Grunde wissen das alle, schließlich sind sie Angehörige einer höfischen Gesellschaft, in der man immer Theater spielt, besonders aber in der zwölften Nacht nach Weihnachten, nach der das Stück *Twelfth Night or What you Will* benannt ist, der Epiphanias-Nacht am Ende der Raunächte, in denen Geister und Dämonen ungehindert über die Erde wandern dürfen. Epiphanias, das ist die christlich übertünchte Saturnaliennacht des alten Rom, in der sich Männer als Frauen, Herren als Diener und Diener als Herren anziehen, die Nacht der aufgelösten Ränge und Identitäten. Wie so oft drang ein heidnischer Brauch nach einer Weile doch wieder durch den christlichen Firnis; zu Shakespeares Zeit hatte sich zu Epiphanias nach einem Interludium mittelalterlicher Frömmigkeit längst wieder das wilde Verkleiden eingebürgert.

Am Höhepunkt der Komödie *Was ihr wollt* hält Herzogin Olivia Sebastian für Cesario und trägt ihm die Ehe an, und obgleich Sebastian die Herzogin zum ersten Mal sieht, willigt er sofort in die Heirat mit ihr ein, und der Bund wird heimlich geschlossen. Herzog Orsino erfährt davon und ist entsetzt über den vermeintlichen Treuebruch seines Gefolgsmanns Cesario, aber als sich herausstellt, dass der Ehemann eigentlich Cesarios – also Violas – Zwillingsbruder ist, beruhigt er sich, und auch Herzogin Olivia ist nicht einen Moment entsetzt darüber, dass ihr Mann nicht der ist, den sie zu heiraten meinte, sondern einer, der genauso aussieht: Was man nicht unterscheiden könne, erklärt Leibniz gut hundert Jahre später, sei nun mal identisch. Jetzt kann der Herzog endlich

Viola, die er eben noch für einen Mann hielt, heiraten. So kommt es zum glücklichen Ende, und Feste, der den Hof zur Strafe für das, was er Malvolio angetan hat, verlassen muss, singt sein letztes Lied: «*When that I was and a little tiny boy, / With hey, ho, the wind and the rain / A foolish thing was but a toy / For the rain it raineth every day.*» («Und als ich ein winzig Bübchen war, / Hop heisa, bei Regen und Wind! / Da machten zwei nur eben ein Paar; / Denn der Regen, der regnet jeglichen Tag.») Das gleiche Lied vom täglichen Regen wird später Lears Hofnarr singen, wenn er als letzter verbliebener Gefolgsmann den alten König durch das Unwetter begleitet – als wollte er uns zeigen, dass er dieselbe Person ist, von der Komödie hinübergewandert in die Tragödie, als könnten die Grenzen, die zwischen einem Stück und einem ganz anderen gezogen sind, einen wie ihn ebenso wenig halten wie die Zwänge der Chronologie. «*This prophecy Merlin shall make*», sagt er leichthin zu Lear, «*for I live before his time.*» («Diese Prophezeiung wird Merlin machen, denn ich lebe vor seiner Zeit.»)

Im Londoner Globe Theatre werden Shakespeares Stücke unter den ursprünglichen Aufführungsbedingungen gezeigt: in elisabethanischen Kostümen, ohne Requisiten, ohne Kulissen, ohne Scheinwerfer und mit ausschließlich männlichen Schauspielern. Sieht man so *Was ihr wollt*, kann man mit einem Mal auch als Zuschauer die Figuren nicht mehr zuverlässig auseinanderhalten, und der lustige Irrwitz der Verwechslungen wird von einem reinen Spiel zu etwas existenziell Verwirrendem. Ein Mann spielt eine Herzogin. Daneben spielt ein Mann eine Frau, die sich als Mann verkleidet, daneben spielt ein Mann einen Mann, der aussieht wie diese Frau, und die beiden sehen tatsächlich gleich aus, sodass man beim besten Willen oft nicht weiß, wen von ihnen man gerade vor sich hat, und das plötzlich auch gar nicht mehr so wichtig findet.

In dieser ursprünglichen Gestalt, schnell, virtuos, absolut verwirrend, beschwört *Was ihr wollt* ein ganzes Universum der Schwerelosigkeit herauf, in der das Menschenleid nicht so viel Gewicht hat und in dem man auch den schwersten Kummer durch Verkleidung und Vertauschung, durch ein paar Rochaden hinter sich lassen kann. Für einen Zuschauer, der die Figuren und Geschlechter im Stück nicht mehr zuverlässig zu unterscheiden vermag, hat auch das Finale plötzlich nichts Kunstgewerbliches, nichts Konventionelles mehr, sondern es bietet die knappe und klare Demonstration dessen, dass man sich über die Liebe nicht grämen soll, da man kurz und gut auch irgendwen anderen heiraten könnte als den, den man liebt, weil man ja diesen anderen genauso lieben kann, wenn man nur will. «Es ist nicht zum Ausdenken», fasst Hugo von Hofmannsthals Graf Bühl in der Komödie *Der Schwierige* dieses zeitlos erschreckende Grundprinzip aller Lustspiele zusammen, «wie zufällig wir alle sind, und wie uns der Zufall zueinander jagt und auseinander jagt, und wie jeder mit jedem hausen könnte, wenn der Zufall es wollte». Man kann diese Frau ebenso lieben wie jene, man kann statt ihr aber auch einen Mann lieben – alle Unterschiede, sagen die Komödien, die lachen machen und die zum Weinen sind, sind überschätzt; ich kann Ich sein oder ein anderer, und letztlich, wenn alle Masken fallen, bin ich wohl niemand; denn das, was ich Ich nenne, ist nur die hartnäckigste der Täuschungen. Aus der Warte des Komödienautors verschwimmen all die Grenzen, deren strikte Bewahrung fromme Leute wie Jeremias Gotthelf, und mit ihm alle Autoritäten der Religion, für unverzichtbar halten.

Denn der fromme Pastor hat ja so unrecht nicht: Der Teufel ist der großer Verwirrer, der Verneiner aller Unterschiede, und in seiner Abwesenheit übernimmt diese Rolle sein kleiner Bruder, der Narr. Feste ist eigentlich keine handelnde Figur, er ist ein Kommentator, der manchmal aber auch kurz mitmacht, als stünde es einem wie ihm frei, ins Spiel zu treten und wieder hinaus, als könnten die Regeln dramaturgischer Logik einen Dämon nicht halten. Nicht umsonst stammen die Kopfschellen des Narrenkostüms von den Teufelshörnern ab, und diese wiederum erwachsen aus der ältesten aller Rangvermischungen, viel älter als jene zwischen Herr und Knecht: der Vermischung von Mensch und Tier.

Grimmelshausens Simplicius Simplicissimus wird in Hanau zum Hofnarren des kaiserlichen Gouverneurs Ramsay. Da bekommt er nicht einfach nur ein Kalbsfell-Kostüm übergezogen, sondern er wird tatsächlich in einer aberwitzigen Initiation zum Tier gemacht: «Da war abermal eine greuliche Finsternus wie in vorigem Keller / und ůber das hatte ich ein Kleid an von Kalb-Fellen / daran das rauhe Theil auch außwendig gekehrt war / die Hosen waren auff Polnisch oder Schwåbisch / und das Wambs noch wol auff ein nårrischere Manier gemacht / oben am Hals stunde eine Kappe wie ein Mőnchs-gugel [eine Kapuze] / die war mir ůber den Kopff gestreifft / und mit einem schőnen paar grosser Esels-Ohren geziert.»

Noch einer bekommt solch einen Eselskopf: Der Tischler Bottom in Shakespeares *Sommernachtstraum,* und nach seiner Rückverwandlung in menschliche Gestalt versucht er vergeblich, sich daran zu erinnern, was ihm eigentlich zugestoßen ist. «*Methought I was – there is no man can tell what.*» («Ich hatte 'nen Traum, 's geht über Menschenwitz, zu sagen, was es für ein Traum war.») Denn er war eben nicht ein drolliges Rokoko-Tierchen, wie es harmlose Inszenierungen gern darstellen, er war ein Trickster, ein Halbwesen der Frühzeit, ein Teufelsverwandter und, nach mittelalterlicher Vorstellung, als Esel ein wahres Monster der

Potenz: ein Detail, das wohl nicht unwichtig ist, wenn es die Affäre zwischen ihm und der durch Oberons Zauber verblendeten Elfenkönigin zu verstehen gilt.

Angetan mit Kalbsfell und Eselskopf, hat Simplicius im Wald eine Begegnung mit einem Hexenkonvent: «Diese tantzten einen wunderlichen Tantz / dergleichen ich mein Lebtag nie gesehen / dann sie hatten sich bey den Hånden gefast / und viel Ring ineinander gemacht / mit zusamm gekehrten Rucken». In Begleitung der Hexen fliegt Simplicius quer durch Deutschland und sieht nach der Landung einen klassischen Hexensabbat: Menschen tanzen in konzentrischen Kreisen, Musiker spielen auf Tieren statt Instrumenten. Er ruft Gott den Herrn zu Hilfe, worauf die ganze Versammlung sich in Luft auflöst. Und dann bemerkt er leichthin, an die Adresse des Lesers: «Demnach es etliche / und zwar auch vornehme gelehrte Leut darunter gibt / die nicht glauben / daß Hexen oder Unholden seyen / geschweige daß sie in der Lufft hin und wieder fahren solten; Als zweiffele ich nicht / es werden sich etliche finden / die sagen werden / Simplicius schneide hier mit dem grossen Messer auff.»

Das ist überraschend, schreibt Grimmelshausen doch zu einer Zeit, als in Deutschland Hexenverfolgungen an der Tagesordnung sind: Tausendfach brennen im ganzen Land die Scheiterhaufen, ein geringer Verdacht reicht aus, damit einem der Prozess gemacht wird, und oft ist es gerade die einfache Bevölkerung, die gegen den Willen der Obrigkeit immer neue Anzeigen einbringt. Angesichts der Opferzahlen kann man nicht daran zweifeln, dass der Hexenwahn ein Massenphänomen war. Wie kann Simplicius sich also als der einzige Hexengläubige unter lauter amüsierten Skeptikern darstellen?

Liest man alte Texte, begegnet man immer wieder solchen Widersprüchen, schwer auflösbar aus großer zeitlicher Entfernung – Widersprüchen, wie sie künftige Generationen wohl auch in unseren Büchern, unserer Lebenswelt finden werden. So halten wir alle die Existenz von Terroristen für eine Tatsache, und doch würden die meisten skeptisch lächeln, wenn man erzählte, dass man am Vortag erst von Terroristen entführt worden sei – nicht alles, was man für wirklich hält, hält man auch für möglich; und Politiker unserer Zeit, die morgens unbemannte Flugkörper auf der anderen Seite des Globus dirigieren und nachmittags einen Gottesdienst besuchen, könnten künftige Ideenhistoriker vor Rätsel stellen. Immer wieder im menschlichen Zusammenleben steht die Vernunft neben dem Uralten, das Moderne neben dem Archaischen. Grimmelshausen schreibt für Leser, die an Hexen glauben und die, je nach Stimmung, auch schon mal Leute verspotten, die erzählen, dass sie Hexen gesehen haben. Shakespeare lässt einen drolligen Puck auftreten für amüsierte Zuschauer, die nachts nicht in den Wald gehen würden aus Angst vor den Streichen des Hobgoblin. Beide Autoren stehen an jenem Wendepunkt, an dem die Spukgestalten der alten Mären für einen paradoxen Moment beides sind: schon literarische Erfindungen, aber auch immer noch reale Möglichkeit.

Ins Globe Theatre zu gehen ist nicht bequem. Wie die Zuschauer einst muss man die ganze Aufführung hindurch stehen. Man hat wenig Platz, man bekommt Rückenschmerzen, und wenn es regnet, wird man so nass, wie Shakespeares Zeitgenossen nass wurden. Immerhin, denn einige Anachronismen sind unvermeidlich, hat das Theater heute Toiletten.

Sieht man ein Stück von Shakespeare ohne Requisiten, ohne

Vorhang, ohne Szenenwechsel und Kulissengeschiebe, ist plötzlich die ursprüngliche Geschwindigkeit wieder da, der blitzartige Flug von Szene zu Szene, von einem Schauplatz zum nächsten, so schnell wie in der reinen Phantasie. Hört man hier Puck zu Oberon sagen, er könne in vierzig Minuten eine Schleife um die Erde ziehen, versteht man, was gemeint ist: Puck ist die reine Einbildungskraft, nichts hält ihn auf, er ist die Wandlungsfähigkeit selbst. Elisabethanische Menschen lebten in einer Welt ohne Fundament, eben hatte man noch bei Todesstrafe katholisch sein müssen, auf einmal war der Katholizismus bei Todesstrafe verboten. Jeder Glaubenssatz stand zur Disposition, alles, was fest schien, konnte sich täglich ändern. Wir erklären gern, in einer dynamisch verwirrenden Welt zu leben; in Wahrheit ist unsere Welt sehr statisch, sehr sicher im Vergleich.

Das 20. Jahrhundert brachte die Wiederentdeckung des Originalklangs in der Musik. Zum ersten Mal seit Bach können wir Bach hören, wie Bach sich selbst hörte, und wir bekommen Mozart auf Instrumenten vorgespielt, wie sie auch Mozart gespielt hat. Wir können Grimmelshausen im unbereinigten Originalsatz lesen, und wir bekommen Shakespeares Stücke *unanchored* in der Orthographie des ersten Quarto. Die alte Debatte, ob Hamlet «*Oh, that this too too solid flesh would melt*» sagen soll, wie im First Folio, oder «*Oh, that this too too sullied flesh would melt*», wie im älteren Second Quarto, ob er also sein allzu festes oder sein allzu beschmutztes Fleisch schmelzen sehen möchte, lässt sich im Hinblick auf die Zeitumstände beantworten: Er spricht zu Zuschauern, für die das geschriebene Wort noch nicht Maßstab der Dinge ist, weil es ja keine Regel dafür gibt, wie man den kaum hörbaren Lautunterschied zwischen *solid* und *sullied* festzuhalten hätte. Shakespeares Publikum vernahm im selben Moment beides: festes und beschmutztes Fleisch, in ein und demselben Wort, ohne eine Möglichkeit der Unterscheidung.

Shakespeare, Rabelais und Grimmelshausen wirken oft wie unsere Zeitgenossen, aber sie lebten in einer Zeit, in der es keine Elektrizität gab und keine vom Menschen hergestellten Substanzen außer Glas. Wer sich langweilte, besuchte Hinrichtungen. Auf Volksfesten wurden zum Vergnügen der Menge Katzen angezündet. Wenn man im Theater war und Harndrang verspürte, erledigte man das genau dort, wo man gerade stand. Jedermann trug scharfe Schwerter bei sich. Man badete nie, aus Angst vor der Pest. Mit dreißig hatte man kaum noch Zähne. Dass es in der Welt Sklaven gab, fand kaum einer empörend. Goethe berichtet, dass er noch die Köpfe Hingerichteter sah, aufgespießt über den Stadtmauern von Frankfurt. Wenn zu Beginn des 19. Jahrhunderts drei Menschen in Berlin irgendwohin wollten, so mussten zwei vorangehen und einer in angemessenem Abstand folgen, denn drei Leute nebeneinander wären eine Zusammenrottung gewesen, gegen welche die Polizei hätte einschreiten müssen. Als George Bernard Shaw Ende des 19. Jahrhunderts erklärte, dass er von nun an keine Tiere mehr essen wolle, galt diese Entscheidung in ganz Europa als überdrehte Kuriosität.

Meist interessieren uns die Widersprüche der Vergangenheit nicht, wir wollen sie lieber durch unsere eigenen Widersprüche ersetzen. Auf Symposien versichert man einander zwar regelmäßig, dass die Kunst das Gedächtnis der Menschheit sei, wird aber ein Werk aufgeführt, ausgestellt oder gelesen, das nur wenig älter ist als wir selbst, scheint die dringlichste Frage: «Ist das denn noch aktuell?» Aber aus dem *Simplicissimus* wird nie ein Pageturner werden, und *Was ihr wollt* spielt, auch wenn man die Schauspieler in Nikes, Jeans und T-Shirt steckt, in einer sehr fernen feudalen Welt.

«Was hat der Autor uns noch zu sagen?» Vielleicht ja nichts. Vielleicht nur, was es bedeutete, auf der Welt zu sein, als es uns noch nicht gab. So weit, wie wir meinen, ist die ferne Vergangenheit nie entfernt. Meinem Vater wurden als Kind die Haare geschnitten von einem Friseur, der einst als Hofbarbier den österreichischen Kaiser rasiert hatte. Mein Großvater wurde im 19. Jahrhundert geboren, er war zweiundzwanzig Jahre alt, als die letzte Person starb, die noch Goethe begegnet war. Sechs Generationen nur muss man zurückgehen, schon ist man bei Leuten, die Napoleon zu Pferd sahen.

Einige Handwerker nehmen sich vor, ein Drama aufzuführen. Der Regisseur Peter Quince hat es selbst verfasst: eine Geschichte von zwei Liebenden namens Pyramus und Thisbe, die nicht zusammenkommen können und sich am Schluss wegen eines bedauerlichen Missverständnisses das Leben nehmen. Die Rollen werden verteilt, alle sind aufgeregt, leider machen sie auf der Suche nach einem Probenplatz einen folgenschweren Fehler: Sie dringen zu tief in einen Wald vor, den sie nachts hätten meiden sollen, und ein Geist, der zwar nicht böse ist, aber verspielt und mitleidlos, setzt ihrem Hauptdarsteller Bottom, der sich so gerne durch seine Darstellungskunst verwandeln möchte und es wegen mangelnder Begabung nicht kann, einen Eselskopf auf. Schreiend rennen die armen Künstler auseinander, denn wo echter Zauber waltet, haben Amateure nichts verloren. Aber da wir in einer Komödie sind, wird ihre Aufführung selbstverständlich doch stattfinden: Im letzten Akt werden die Handwerker Gelegenheit haben, sich treuherzig vor den Honoratioren Athens zu blamieren.

Der Autor dieses Stückes war selbst Schauspieler und Regisseur. *Pyramus und Thisbe,* das Stück im Stück, ist eine Parodie auf

Romeo und Julia. Diese Tragödie ist natürlich oft parodiert worden, aber nur dieses eine Mal vom Autor von *Romeo und Julia* selbst. Und teilt nicht der hoffnungsvolle Theaterliebhaber Peter Quince so manches mit seinem Erfinder? Er schreibt ein Stück, er dirigiert die Schauspieler, er steht vor dem Souverän und präsentiert sein Werk, in der Hoffnung auf wohlwollende Aufnahme. Er ist der einzige Dramatiker und Regisseur in Shakespeares Œuvre. Der größte Schriftsteller erfindet voll Sympathie einen der schlechtesten. Welch schöneres Alter Ego könnte er sich auch in einer Komödie der Spiegelungen zulegen?

Spiegelungen sind im *Sommernachtstraum* überall. Alles ist in Gegensätzen angeordnet, alles verweist auf ein Gegenüber. Der reichlich zerrütteten Beziehung des Elfenkönigs Oberon zur Königin Titania entspricht die zwischen dem Fürsten Theseus und der Amazonenkönigin Hippolyta – hier ein unsterbliches, dort ein menschliches Herrscherpaar, und das Stück *Ein Sommernachtstraum,* das ja schließlich von Liebenden handelt, die nicht zueinander können, spiegelt sich in sich selbst, wenn sich im letzten Akt die Handwerker versammeln, um ein Stück über Liebende aufzuführen, die nicht zueinander können. Viel spricht dafür, dass der *Sommernachtstraum* bei einer Adelshochzeit in Blackfriars uraufgeführt wurde, ziemlich sicher in Anwesenheit der Königin. Also eine reale Hochzeit als Anlass für eine fiktive auf der Bühne: Adelige Hochzeitsgäste sehen dabei zu, wie adelige Hochzeitsgäste sich auf der Bühne ein Stück ansehen. Und wenn Peter Bottom aus dem Traum seiner Verwandlung in ein Tier aufwacht, kann er diesen nicht in Worte fassen: *«It shall be call'd ‹Bottom's Dream› because it hath no bottom»,* was ja haargenau stimmt, denn solange der bodenlose Traum währte, war Peter Bottom ein anderer.

Für Prospero, den Protagonisten von Shakespeares letztem Stück *Der Sturm,* verschwimmen die Grenzen zwischen Phantasie, Kunst und Magie. Seine Fähigkeiten sind über die Jahre so umfassend geworden, dass er Tote zurückrufen, Dämonen bannen und die vollkommensten Illusionen bewirken kann. Am Ende verzichtet er auf seine Macht, scheinbar unmotiviert, denn Shakespeare experimentiert immer wieder mit motivlosem Handeln: In *Othello* zerstört Iago das Leben seines vermeintlichen Freundes, ohne dafür einen Grund zu äußern, und in *Timon von Athen* gibt Alkibiades, ausgerückt, um die verdorbene Stadt Athen von der Landkarte zu tilgen, seinen Zerstörungsplan von einem Augenblick zum nächsten auf. Rätselhafterweise stört das nie, und die Figuren wirken dort, wo wir ihre Gründe am wenigsten verstehen, am meisten wie reale Menschen. Als machtloser Mann also kehrt Prospero zurück, um sein Leben friedlich am Ort seiner Geburt zu beschließen, so wie Shakespeare sich nach der Aufführung des *Sturm* nach Stratford zurückzieht, mit Getreide handelt und bis zu seinem Lebensende nicht weiter von sich reden macht.

In den Verhandlungen zwischen Prospero und seinem dienstbaren Geist Ariel, wie auch in jenen zwischen Oberon und Puck, verständigt sich ein Magier mit seinem Genius in der ursprünglichen Bedeutung des Wortes, verständigt sich also mit einer Begabung, so groß, so lebendig und stark, dass sie ihm wie ein eigenständiges Wesen gegenübertritt – abgelöst und in manchen Augenblicken sogar feindselig. Denn das Talent steht nicht nach Belieben zur Verfügung, sondern jedes Mal so, als wäre es das letzte. In Rilkes Gedicht *Der Geist Ariel* heißt es:

Man hat ihn einmal irgendwo befreit
mit jenem Ruck, mit dem man sich als Jüngling

ans Große hinriß, weg von jeder Rücksicht.
Da ward er willens, sieh: und seither dient er,
nach jeder Tat gefaßt auf seine Freiheit.
Und halb sehr herrisch, halb beinah verschämt,
bringt mans ihm vor, daß man für dies und dies
ihn weiter brauche, ach, und muß es sagen,
was man ihm half. Und dennoch fühlt man selbst,
wie alles das, was man mit ihm zurückhält,
fehlt in der Luft.

Der Sturm ist Shakespeares Stück über sein eigenes Schöpfertum und über das Phänomen der Begabung. Warum soll er, der so viele Menschen gestaltet hat, nicht zuletzt die von keinem zuvor und keinem danach erlebte Situation gestaltet haben, der größte Schriftsteller zu sein?

Am 30. März 1824 ist Goethe, so berichtet Eckermann, «besonders kräftig, heiter und aufgelegt». Er trinkt eine Flasche Wein und spricht über Ludwig Tieck: «Tieck ist ein Talent von hoher Bedeutung, und es kann seine außerordentlichen Verdienste niemand besser erkennen als ich selber; allein wenn man ihn über ihn selbst erheben und mir gleichstellen will, so ist man im Irrtum. Ich kann dieses geradeheraus sagen, denn was geht es mich an, ich habe mich nicht gemacht.»

Ist das überheblich? Ja, aber auch wahr. Und Goethe ist ja auch noch nicht fertig mit dem Thema und fügt gelassen hinzu: «Es wäre ebenso, wenn ich mich mit Shakespeare vergleichen wollte, der sich auch nicht gemacht hat und der doch ein Wesen höherer Art ist, zu dem ich hinaufblicke und das ich zu verehren habe.»

Dennoch war Ludwig Tieck beteiligt an einem Hauptwerk

deutscher Literatur: dem deutschen Shakespeare, übersetzt von Ludwig Tieck und August Wilhelm Schlegel sowie später auch Tiecks Tochter Dorothea und Wolf von Baudissin. Rhythmus und Versspiel des Originals sind darin so gut wiedergegeben, dass es an ein Wunder grenzt. Selbst der so strenge Karl Kraus spricht von dem «vom Zauber Shakespeares begnadeten Schlegel, den durch andere Übersetzungen verdrängen zu wollen, nur der kunstgewerblichen Spielerei einfallen kann».

Diese Übersetzungen werden heute nur mehr selten zur Aufführung gebracht, denn angeblich braucht jede Zeit ihren eigenen Shakespeare, und angeblich muss man, so versichern deutsche Dramaturgen, das englische Publikum bedauern, weil es nur einen einzigen Shakespeare hat, nämlich den alten und echten, der uns Heutigen sprachlich fernsteht. Wer aber die beste Übersetzung der Literaturgeschichte kennenlernen will, kann sie immerhin noch gedruckt nachlesen.

Oberon, König der Alben und Geister, und Peter Quince: Beide sind Schöpfer, aber Künstler sind sie nicht. Hier Dilettantentum, dort Magie; die Kunst ist das eng begrenzte Reich dazwischen. Peter Quince wäre gerne Künstler, doch seine Fähigkeiten reichen nicht. Oberon ist, wie auch später Prospero, ebenfalls kein Künstler, denn seine Werke sind nicht mehr mimetisch; er schafft nicht eine beschränkte Nachbildung der Wirklichkeit, sondern er gestaltet diese selbst.

Die Magier der Renaissance, ob nun Giordano Bruno, Doctor Dee, Agrippa von Nettesheim oder der Polyhistor und Blender Athanasius Kircher, sind bei all ihrem gloriosen Hochstaplertum zugleich die Wegbereiter der modernen Wissenschaft. Magie ausüben, das hieß, Versuche durchführen; das hieß, Veränderungen vorhersagen und nach Muster und Gesetz suchen im Verhalten der physischen Dinge. Wenn Giordano Bruno das Phänomen der Resonanz erforscht, indem er eine Wolfsfelltrommel schlägt, dabei hört, dass die mit Kalbfell bespannte Trommel ganz von selbst mitschwingt, und sich das mit der Angst des Kalbs vor dem Wolf erklärt, so stimmt uns das heute zum Lachen. Aber Bruno führt ein Experiment mit wiederholbarer Versuchsanordnung durch, und er erklärt die Ereignisse aus ihren eigenen Gesetzmäßigkeiten und nicht aus der Willkür des göttlichen Willens.

Die Alchimie entdeckt, dass nichts bleibt, wie es ist. Alles ist im Übergang, alles wandelt sich immerdar; die Welt ist nicht das gewaltige Monument von Gottes unveränderlichem Willen, sondern beständige Veränderung ohne ruhenden Punkt. Nicht umsonst ist Ariels schönstes Lied eine Hymne auf die Verwandlung, die jedem Menschen nach dem Tod bevorsteht – und zwar nicht etwa der unsterblichen Seele, sondern dem sterblichen Körper, der wieder ins Transformationsspiel der Natur eingeht:

Full fathom five thy father lies;
Of his bones are coral made;
Those are pearls that were his eyes:
Nothing of him that doth fade,
But doth suffer a sea-change
Into something rich and strange.

Fünf Faden tief liegt Vater dein,
sein Gebein wird zu Korallen,
Perlen sind die Augen sein,
nichts an ihm, das soll verfallen,
das nicht wandelt Meereshut
in ein reich und seltnes Gut.

Des Geistes Ariel wegen ist *Der Sturm* ein im Grunde uninszenierbares Stück. Ariel kann keine Gestalt, kein Kostüm, keine äußere Erscheinung gerecht werden, denn er ist die Leichtigkeit selbst – so, wie sein Feind Caliban die absolute Trägheit ist, nicht so sehr das Böse als vielmehr die Inkarnation des Pharisäertums. Caliban steht für alles, was sich nicht wandeln mag, was nicht denken will, was Schönheit nicht erkennt. Für jedes Hindernis steht er, das sich der Leichtigkeit widersetzt, für alle Verfettung, Schwere, Gier und Beharrungskraft. «*This thing of darkness I acknowledge mine*», sagt Prospero am Schluss über ihn und spricht damit den vielleicht größten aller Sätze gegen die Verdrängung aus.

Ariel entspringt zur Gänze Shakespeares Imagination, sein Vorgänger Puck alias Robin Goodfellow aber ist ein altes Sagengeschöpf: altnordisch *puki*, altenglisch *puca*. Der Puck ist ein böser Geist – ein Alb, der Wanderer in die Irre führt und Bauern die Ernte verdirbt. Er hat auch einen harmlosen Beschwörungsnamen, als könnte eine liebenswürdig klingende Bezeichnung ihn freundlich stimmen: *Robin Goodfellow*. Shakespeare verwendet mal das eine, mal das andere, der Name des Nachtalben oszilliert wie sein Wesen zwischen Lustigkeit und Bösartigkeit, zwischen Spaß und Gefahr.

Max Reinhardts klassische Verfilmung aus dem Jahr 1935 sieht man heute nicht mehr mit reinem Vergnügen: zu viel Kostümprunk und Rokoko, zu viel Mendelssohn-Musik, zu viele Elfenkinder im Tüllröckchen, zu viel Tanz und Lieblichkeit. Aber da ist auch der halbwüchsige Mickey Rooney als Puck: nicht Kind, nicht Erwachsener, wahrlich «*the merry wanderer of the night*», ein auf nichts festzulegendes Wesen des Zwischenreichs. Seine Bewegungen sind tänzerisch, vollkommen leicht und unberechenbar, man muss über ihn lachen, aber man hat auch Angst vor ihm.

Reinhardt war nach dem Anschluss Österreichs nach Hollywood geflohen; im Unterschied zu anderen Ausgewanderten war es für ihn nicht schwer, dort Arbeit zu finden. Er inszenierte den *Sommernachtstraum* zuerst auf der Bühne, dann im Film. Welch eine Ironie, dass vom größten Regisseur der Vorkriegszeit nur zwei Werke auf Zelluloid überdauern: Hofmannsthals *Jedermann* auf dem Salzburger Domplatz in all seiner tristen katholischen Folklore und der bis zum Ersticken überladene *Sommernachtstraum*-Film. Einzig Puck in Gestalt Mickey Rooneys lässt erahnen, wozu Max Reinhardt imstande war.

Reinhardts Film steht in einer Inszenierungstradition, die für lange Zeit den Schrecken des Stücks übertüncht hat. Schon Samuel Pepys schreibt, nachdem er im September 1662 eine Aufführung im Londoner King's Theatre gesehen hat, entnervt in sein Tagebuch: «*We saw ‹Midsummer's Night's Dream›, which I had never seen before, nor shall ever again, for it is the most insipid ridiculous play that ever I saw in my life.*» Immerhin, räumt er ein, war der Abend nicht ganz verloren: «*I saw, I confess, some good dancing and some handsome women, which was all my pleasure.*»

Erst Peter Brook bricht 1970 in Stratford kurzerhand mit allen Traditionen der Lieblichkeit. Er lässt die Nacht zum Tag werden, taucht die Szenerie in weißes Licht und macht das Stück zu einer Zirkusvorstellung mit Trapez, Stelzengängern und Jongleuren: keine Aktualisierung, sondern Abstraktion, die Übertragung des Dramas in den durch Brook sprichwörtlich gewordenen leeren Raum.

Erst im Jahr darauf beginnt die Royal Shakespeare Company, ihre Aufführungen aufzuzeichnen. Brook ist ein Zen-Buddhist, der an die Unwiederholbarkeit des theatralischen Moments glaubt; so ist es wohl passend, dass von dieser einflussreichsten englischen Theaterproduktion der Nachkriegszeit nur Berichte einiger Zuseher bleiben, sowie ein paar Fotos, ein umfangreiches Probentagebuch von David Selbourne und eine knappe Minute Film, aufgenommen von einem Nachrichtenteam der BBC.

Zu Beginn des letzten Akts erklärt Theseus seiner zur Ehe verpflichteten Braut, die einst Königin der Amazonen war und künftig nur mehr Hausfrau, Mutter und Herzogin sein soll, dass all die phantastischen Ereignisse gar nicht passiert sein können:

I never may believe
These antique fables nor these fairy toys.
Lovers and madmen have such seething brains,
Such shaping fantasies, that apprehend
More than cool reason ever comprehends.
[...]
And, as imagination bodies forth
The forms of things unknown, the poet's pen
Turns them to shapes and gives to airy nothing
A local habitation and a name.
Such tricks hath strong imagination,
That, if it would but apprehend some joy,
Or comprehends some bringer of that joy;
Or in the night, imagining some fear,
How easy is a bush suppos'd a bear!

Ich glaubte nie an diese Feenpossen
Und Fabelein. Verliebte und Verrückte
Sind beide von so brausendem Gehirn,
So bildungsreicher Phantasie, die wahrnimmt,
Was nie die kühlere Vernunft begreift.

[…]
Und wie die schwangre Phantasie Gebilde
Von unbekannten Dingen ausgebiert,
Gestaltet sie des Dichters Kiel, benennt
Das luft'ge Nichts und gibt ihm festen Wohnsitz.
So gaukelt die gewalt'ge Einbildung;
Empfindet sie nur irgendeine Freude,
Sie ahnet einen Bringer dieser Freude;
Und in der Nacht, wenn uns ein Graun befällt,
Wie leicht, daß man den Busch für einen Bären hält!

Wer sich so gut ausdrückt, müsste eigentlich recht haben. Und er hat natürlich auch recht, aber nur in der Wirklichkeit und nicht im Theaterstück; in der Wirklichkeit allerdings haben eine Amazonenkönigin und ein Herzog von Athen ebenso wenig verloren wie Oberon, Puck und Titania. Über Theseus' Sätze ist viel gerätselt worden, seine Skepsis ist angesichts der Umstände im Stück ebenso wunderlich, wie es die Schwierigkeiten sind, die Simplicius dabei hat, seine Bekannten von der Realität der Hexen zu überzeugen. Hier könnte Shakespeares geistesdemokratisches Grundprinzip am Werk sein, jede Figur, ob sie nun richtige Dinge sagt oder reinen Blödsinn, mit der größtmöglichen Überzeugungskraft auszustatten. Jede Figur bei Shakespeare spricht so perfekt, wie eigentlich nur Shakespeare sprechen kann, jede hört sich, wie Hegel bemerkt hat, dabei selbst zu, und jede hat recht, solange sie redet; aber sobald sie verstummt, hat jemand anderer recht. Und so gibt es Puck, Titania und Oberon, und es gibt sie zugleich nicht – wie ja auch Hamlet den Geist seines Vaters treffen und kurz danach darüber nachsinnen kann, dass niemand aus dem Reich des Todes wiederkehrt. Dies Flirren zwischen Realität und Fiktion bildet sich in Theseus' Monolog noch einmal ab: Die Nachtgeister sind da und zugleich nicht, sie sind fühlbare Wirklichkeit und doch bloße Einbildung der Verrückten und der Dichter.

Der *Sommernachtstraum* ist das Gegenstück zum schottischen Drama. Nicht zufällig spielen beide fast zur Gänze bei Nacht. Wenn Lady Macbeth die Geister, die auf Mordgedanken lauschen, zu Hilfe ruft, mussten nicht wenige zeitgenössische Zuschauer die Befürchtung haben, dass auf solch eine Aufforderung hin tatsächlich die Wesen der Dunkelheit herandrangen. Im Gegensatz dazu werden die Bewohner der Zwischenwelt im *Sommernachtstraum* ausdrücklich verbannt. Wenn sich der Darsteller des Oberon schließlich an die Zuschauer wendet, überlagern sich das Athen der literarischen Phantasie und der reale Ort der jeweiligen Aufführung.

Now it is the time of night
That the graves, all gaping wide,
Every one lets forth his sprite,
In the church-way paths to glide.
And we fairies, that do run
By the triple Hecate's team
From the presence of the sun,
Following darkness like a dream,
Now are frolic. Not a mouse
Shall disturb this hallowed house.

Jetzo gähnt Gewölb' und Grab,
Und, entschlüpft den kalten Mauern,
Sieht man Geister auf und ab,
Sieht am Kirchhofszaun sie lauern.
Und wir Elfen, die mit Tanz

Hekates Gespann umhüpfen,
Und, gescheucht vom Sonnenglanz,
Träumen gleich ins Dunkel schlüpfen,
Schwärmen jetzo; keine Maus
Störe dies geweihte Haus!

Ein magischer Ritus, ein Bannzauber. Keine falsche Idylle wird herbeigelogen, die Schrecken, die von draußen hereinwollen, werden benannt, ins Auge gefasst und abgewiesen, auf dass sich die Komödie ereignen kann.

In Chris Adrians 2011 erschienenem Roman *Die große Nacht* ist der Wald um Athen zum Buena Vista Park in San Francisco geworden, die verwirrten Laiendarsteller zu Obdachlosen, die ein Musical einstudieren wollen, und die Liebenden zu verstörten Singles in unterschiedlichen Stadien urbaner Verzweiflung. Oberon und Titania aber sind die Gleichen geblieben, und Puck ist nicht ein netter Knabe mit Elfenflügeln, sondern «die Bestie», ein Träger urtümlichen Entsetzens, ein Höllenwesen, das im Zuge des Romans seine Freiheit findet und wieder gebändigt werden muss.

> Mensch oder Elfe, Tier oder Geist – jedes betrachtende Wesen sah Puck ein wenig anders. Was man wahrnahm, hing davon ab, was man gerade empfand, und oft war er das Ebenbild der schlimmsten Ängste und Sorgen, die einen beschwerten. Für manche der Elfen sah er wie ein nackter Jüngling mit einer mächtigen Afrofrisur aus, und nur seine Größe und der Umfang des Haarschopfs variierten von Auge zu Auge. Andere aber sahen ihn als

> Flammenfunken oder als eine Schwärze, die düsterer und lastender war als die schwarze Luft, oder als ein flatterndes Paar dunkler Schwingen.

Adrian kennt Shakespeare genau, aber er kennt auch die Traditionen der modernen Horrorliteratur von Poe über Lovecraft bis hin zu Stephen King. Es ist nicht lustig, nachts zum Spielzeug des entfesselten Puck zu werden, er ist voll Hass auf die Lebenden, und er frisst auf, wen er in die Fänge bekommt. In Chris Adrians Händen erhält die Geschichte jene Schreckenskraft zurück, die sie einst für die Zuschauer gehabt haben muss.

Adrian modernisiert das alte Stück, aber er tut es anders als die deutschen Stadttheater. Er schreibt die Vorlage nicht um, sondern er stellt ihr ein neues und eigenes Werk gegenüber. Die wichtigste Grundidee von *Die große Nacht* besteht darin, dass zwar die vier Liebenden zu unseren Zeitgenossen werden, nicht aber Oberon und Titania, die Chris Adrian in ihrer ganzen Mythenfremdheit bestehen lässt: uralt, unsterblich und umgeben von einer Gefolgschaft pittoresker Wesen. Die wahre Gefahr aber, die von «der Bestie» ausgeht, liegt nicht so sehr in der physischen Gewalt, sondern darin, dass sie jedem in Gestalt seiner größten Angst, also seines unverarbeiteten Traumas gegenübertritt; daran, wie jedem der vier Liebenden Puck erscheint, erzählt Chris Adrian dessen jeweilige Biographie. So setzt er Shakespeares Formenwandler Robin Goodfellow mit dem wichtigsten Betriebsgeheimnis der Horrorliteratur in Verbindung: Jedes Leben hat seine nicht bewältigten Schrecken, die wir mit uns tragen und verdrängen und doch nicht vergessen können. Nachts, wenn wir allein mit uns selbst sind, im Wald oder vielleicht auch nur in unserem dunklen Schlafzimmer, hören wir Geräusche, wir sehen Bilder, und es fällt uns schwerer als am hellen Tag, nicht an das zu denken, an das wir auf keinen Fall denken wollen: *this thing of darkness* in uns.

Der Krieg geht allmählich doch zu Ende. Deutschland ist in Blut, Hunger und Trümmern versunken. Marodeure ziehen durchs Land, sie rauben so gnadenlos, dass selbst die Wölfe nicht genug zu essen finden. In manchen Regionen sind zwei Drittel der Bevölkerung gestorben, ganze Landstriche sind unwiederbringlich verödet. Noch schlimmer aber ist, so klagt Andreas Gryphius in seinem Sonett *Thraenen des Vaterlandes / Anno 1636,* die innere Zerstörung:

> WIr sind doch nunmehr gantz / ja mehr denn gantz verheeret!
> Der frechen Voelcker Schaar / die rasende Posaun
> Das vom Blutt fette Schwerdt / die donnernde Carthaun/
> Hat aller Schweiß und Fleiß / und Vorrath auffgezehret.
> Die Tuerme stehn in Glutt / die Kirch ist umgekehret.
> Das Rathauß ligt im Grauß / die Starcken sind zerhaun/
> Die Jungfern sind geschaend't / und wo wir hin nur schaun
> Ist Feuer / Pest / und Tod / der Hertz und Geist durchfaehret.
> Hir durch die Schantz und Stadt / rinnt allzeit frisches Blutt.
> Dreymal sind schon sechs Jahr / als unser Stroeme Flutt/
> Von Leichen fast verstopfft / sich langsam fort gedrungen.

Doch schweig ich noch von dem / was aerger als der
Tod/
Was grimmer denn die Pest / und Glutt und Hungers-
noth
Das auch der Seelen Schatz / so vilen abgezwungen.

Man kann es sich schwer vorstellen, aber durch die Wildnis des «großen teutschen Krieges», wie Grimmelshausen ihn nennen wird, ziehen noch immer englische Wanderschauspieler. Die deutschen Zuschauer verstehen kein Englisch, aber auf der Bühne wird viel gefochten, Theaterblut strömt, und es ist ja nicht eben so, als könnte man wählerisch sein; das Unterhaltungsangebot ist nicht groß. Manchmal gibt es auch Ansager, die dem Publikum erklären, was gerade vorgeht. In Ingmar Bergmans Film *Das Siebente Siegel* kann man solch eine Wandertruppe sehen, auch in Tom Stoppards Shakespeare-Travestie *Rosenkrantz und Guildenstern sind tot* zieht eine von ihnen vorbei, aus dem Nirgendwo ins Nichts.

Bei solch einer Vorstellung sieht Andreas Gryphius zum ersten Mal eine verstümmelte Version des letzten Aktes von *A Midsummer Night's Dream*. Seine gegen Ende des Krieges entstandene Komödie *Absurda Comica oder Herr Peter Squenz*, die man immer noch ansehen und über die man sogar stellenweise noch lachen kann, ist eine Adaption des theatralischen Abenteuers von Quint, Bottom und ihren Kollegen. *Herr Peter Squenz* markiert – lange vor Lessing, vor Goethes Rede zum Shakespeare-Tag, vor Wieland, Schlegel und Tieck – den Anfang der deutschen Auseinandersetzung mit Shakespeare. Und wenn der Narr Pickelhering zu Beginn mit seinen Kollegen darüber diskutiert, ob *Piramus und Tisbe* denn nun eine Komödie oder Tragödie sei, so entsteht der eigentümlichste Vorklang auf Ingeborg Bachmanns Gedicht über die Komödien, die lachen machen und die zum Weinen sind:

> LOLLINGER: Der alte berühmte deutsche Poet und Meistersänger Hans Sachse schreibet: Wenn ein Spiel traurig ausgehet, so ist es eine Tragödie. Weil sich hier nun zwei erstechen, so gehet es traurig aus. Ergo!
> PICKELHERING: Contra! Das Spiel wird lustig ausgehen, denn die Toten werden wieder lebendig, setzen sich zusammen und trinken sich einen guten Rausch; so ist es denn eine Komödie.

So muss er es sehen, so verlangt es seine Natur. Von alters her fällt der Narr nicht auf die theatralische Illusion herein, für eine *suspension of disbelief* ist er nicht zu haben.

Nach jedem Krieg floriert das Lustspielgeschäft. Gryphius' Zuschauer hatten, ebenso wie die Akteure, allesamt Schlimmeres gesehen als Hexen im Nebel oder die Bestie Puck. Aber das Leben ging weiter, wie es das immer tut, sobald die Toten begraben sind. Nach einem Krieg folgt eine Nachkriegszeit, und wie immer liegen im Aufeinandertreffen des poetischen Ideenflugs mit der steinigen Realität Witz und Trost.

> SQUENZ: Ein schön Spiel: schön wegen der Materie, schön wegen der Komödianten und schön wegen der Zuhörer. Lustig und traurig: lustig ist's, weil es von Liebessachen handelt, traurig, weil zwei Morde drinnen geschehen. […] Niemals zuvor tragieret und noch nie gedrucket: ich bin erst vor drei Tagen mit fertig worden; derowegen ist nicht glaublich, dass sie zuvor tragieret oder gedrucket sei.

In der Tat, das ist nicht glaublich. Und doch hat Herr Peter Squenz unrecht: Das Spiel ist bereits tragiert worden, und gedruckt hat man es auch schon, aber in einer Sprache, die weder er noch sein Schöpfer kennen, in einem fernen Land, lange vor dem großen Krieg. Und so beginnt, mit der Kopie einer Selbstparodie in einem Stück im Stück, die Geschichte der deutschen Komödie.

TEUTSCHE SORGEN ODER DIE ENTDECKUNG DER STIMME

Vielleicht hat er das alles gar nicht geschrieben. Er war ja nicht einmal ein echter Aristokrat, und er sah nie eine anständige Schule von innen. Woher hätte einer wie er solch profunde Bildung haben sollen, er war nur ein Bäckerssohn, Beamter und Wirt. Ohnehin ist keines der Bücher, die man ihm zuschreibt, mit seinem Namen gezeichnet. Man läuft bei ihm in ein Gestrüpp von Pseudonymen: Samuel Greifnson vom Hirschfeld, Philarchus Grossus von Trommenheim auf Griffsberg, Erich Stainfels von Grufenholm, Melchior Sternfels von Fuchshaim, Michael Rechulin von Sehmsdorff, Illiteratur Ignorantius, zugenannt Idiota, und in einem besonders inspirierten Moment: Acceeffghhiillmmnnoorrssstuuu, und das sind nur einige, er hat noch viele mehr verwendet. Könnte das nicht eine raffiniert eingefädelte Vertuschung sein, könnte nicht der Kaiser selbst dahinterstecken oder wenigstens der Kurfürst von Mainz oder irgendein Prinz von Geblüt?

Wenn man wollte, könnte man die Identität des Schöpfers des *Simplicissimus* ebenso in Zweifel ziehen wie jene des Autors von *Hamlet* und *König Lear,* und das sogar mit ähnlichen Argumenten: niedriger Stand, biographische Ungereimtheiten, eine Neigung zu pedantischem Geschäftsgebaren, wie sie nach romantischer Sicht einem Genie nicht zukommt, darüber hinaus die generelle Vagheit unseres Kenntnisstands über seine Lebens- und Werksumstände. Zum Glück aber kam bisher niemand auf diese

Idee, und so ließ man Deutschlands größten Barockschriftsteller ungeschoren.

Geboren wird Hans Jacob Christoffel Grimmelshausen in Gelnhausen kurz nach Beginn des großen deutschen Krieges. Seine Vorfahren sind verarmte Adelige, sein Vater ist Bäckermeister und stirbt früh, die Mutter heiratet wieder und zieht nach Frankfurt. Damals kann man nicht gut in Verbindung bleiben; wenn einer weg ist, ist er wirklich weg, und Christoffel wächst elternlos beim Großvater auf. 1634 erreicht das kaiserliche Heer Gelnhausen, die traditionell übliche Plünderung beginnt: Normalerweise wird den Soldaten von ihren Offizieren eine genau bemessene Frist eingeräumt, in der sie mit den Menschen und ihren Besitztümern ungehindert tun können, was sie möchten. Ein Teil der Bevölkerung, unter ihnen Hans Jacob Christoffel, flieht ins nahe Hanau, dort findet er eine Weile Zuflucht, dann wird er vermutlich von Soldaten entführt. Die Armee saugt ihn ein und gibt ihn für dreizehn Jahre nicht mehr frei.

So ist er nun Soldat im brutalsten Krieg, den die Welt bis dahin gesehen hat. Er wird Zeuge von Schrecken, die man sich schwer vorstellen kann. Er erlebt aber auch die Heiterkeit des Soldatenstandes: die Freude der Trommeln, die Kameradschaft, die Lust, in die Schlacht zu ziehen, wenn die Kugeln pfeifen; später wird er nüchtern erklären, dass das genau so lange ein herrliches Gefühl sei, wie einen keine dieser Kugeln treffe. Es gelingt ihm irgendwie, sich die Erziehung, die die Welt ihm verweigert hat, selbst zu geben. Seine Fähigkeiten fallen den Vorgesetzten auf, er wird Schreiber. So sitzt er schließlich an einem Tisch, nicht mehr in Lebensgefahr, Papier vor sich, eine Feder in der Hand. Irgendwann muss ihn der Übermut ergriffen haben. Er schiebt die Schriftsätze zur Seite und beginnt mit einem Roman.

Natürlich hat er Vorbilder, die hat man immer; niemand schreibt, der nicht viel gelesen hat. Er erwähnt eine Übersetzung von Sorels *La vraie histoire comique de Francion*, er spielt auf den *Lazarillo de Tormes* an. Beide gehören zur neu erfundenen Gattung des pikaresken Romans: Ein reuiger Sünder blickt zur moralischen Belehrung des Lesers auf sein verfehlungsreiches Leben zurück. Dieses Rezept erlaubt es, allerhand Verwicklungen, Verwirrungen und unanständige Dinge zu erzählen, deren Erwähnung sonst verboten wäre, es erlaubt vor allem auch eine gedoppelte Erzählhaltung. Da wird «ich» gesagt, aber dieses Ich steht gleichermaßen für den ahnungslosen Kerl, der die Abenteuer erlebt, wie für den abgeklärten Menschen, der auf sie zurückblickt. Ständig kann man aus der einen in die andere Perspektive wechseln, man kann Satz für Satz die Gewichtung verschieben, also weise sein und gleich darauf ein Dummkopf, man kann voll Freude schildern, wie man einst stahl, hurte und sich prügelte, und im nächsten Augenblick über die menschliche Torheit klagen. Man kann «ich» sagen, ohne es ganz zu sein und ohne es ganz nicht zu sein.

Und man kann neu beginnen. Beim Nichts, bei der *tabula rasa*. Bei einem kleinen Jungen, der buchstäblich niemand ist. Er hat noch keine Wesenszüge, er will nichts, kennt nichts und weiß nichts, er ist so neu wie das Unterfangen des Schreibens, auf das man sich eingelassen hat. Er hütet Schafe auf dem elterlichen Hof, doch plötzlich kommen die Soldaten. Der Hof wird niedergebrannt, die Familie gefoltert, panisch läuft er davon. Ein Kapitel lang irrt er durch den Wald und fürchtet sich vor fauligen Bäumen, die im Dunkel leuchten. Seine Angst und Verlassenheit machen ihn allmählich zum Menschen.

Ein Einsiedler nimmt ihn auf, aber Einsiedler haben ja selbst nichts, er kann dem Kind keine warme Kleidung geben und fast nichts zu essen. Weil das Kind nichts weiß und nichts versteht, nennt er es ‹den Einfältigen›: Simplicius.

Der Einsiedler ist ein guter Mensch. In diesem Roman, der in einer verrohten Welt spielt, gibt es immer wieder Güte. Die Menschen bestehlen und töten einander, aber sie helfen einander auch; so vollständig verheert, wie Gryphius es in seinem Kriegssonett beklagt, sind die Seelen womöglich noch nicht. Simplicius bleibt eine Weile beim Einsiedler, der ihm das Lesen beibringt und seine Bücher leiht, aber als der Alte stirbt, muss er allein hinaus in die Welt. Er begegnet Soldaten und erlebt eine Konfrontation zwischen ihnen und aufständischen Bauern, so brutal, dass kein Leser sie vergessen wird. Die Soldaten nehmen ihn mit in die Festung Hanau, aber zuvor hält der Schriftsteller, der sich seines eigenen Tuns immer sicherer wird, kurz inne, um über Stand und Leben der Söldner zu reflektieren. Man spürt förmlich seine Verblüffung, dass das Schreiben etwas ist, das man beherrschen kann wie Reiten oder Zielschießen. Er entdeckt die Virtuosität.

> Diese Reimen waren um so viel desto weniger erlogen / weil sie mit [der Soldaten] Wercken ůberein stimmten / dem Fressen und Sauffen / Hunger und Durst leiden / huren und buben / raßlen und spielen / schlemmen und demmen / morden und wieder ermordet werden / todt schlagen / und wieder zu todt geschlagen werden / tribulirn / und wieder getrillt werden / jagen / und wieder gejaget werden/ångstigen / und wieder geångstiget werden / rauben / und wieder beraubt werden / plůndern / und wieder geplůndert werden / sich fo̊rchten / und wieder gefo̊rchtet werden / Jammer anstellen / und wieder jåmmerlich leiden / schlagen / und wieder geschlagen werden; und in summa nur verderben und

> beschådigen / und hingegen wieder verderbt und beschådigt werden / war ihr ganzes Thun und Wesen; worauf sie sich weder Winter noch Sommer / weder Schnee noch Eiß / weder Hitz noch Kålt / weder Regen noch Wind / weder Berg noch Thal / weder Felder noch Morast / weder Gråben / Påß / Meer / Mauren / Wasser / Feuer / noch Wålle / weder Vatter noch Mutter / Brůder und Schwestern / weder Gefahr ihrer eigenen Leiber / Seelen und Gewissen / ja weder Verlust deß Lebens / noch deß Himmels / oder sonst einig anderer Ding / wie das Nahmen haben mag / verhindern liessen: Sondern sie weberten in ihren Wercken immer embsig fort / biß sie endlich nach und nach in Schlachten / Belågerungen / Stůrmen / Feld-Zůgen / und in den Quartieren selbsten / (so doch der Soldaten irdische Paradeis sind / sonderlich wenn sie fette Bauren antreffen) / umbkamen / starben / verdarben und crepirten; biß auff etlich wenige / die in ihrem Alter / wann sie nicht wacker geschunden und gestolen hatten / die allerbeste Bettler und Landstůrtzer abgaben.

Ein einziger Satz – selbst fürs barocke Deutsch, dessen Perioden so viel länger sind als die unseren, weil sie noch vom Lateinischen her gedacht sind und zudem für den grundsätzlich längere Sätze verstattenden lauten Vortrag bestimmt (denn auch wenn man allein ist, liest man meist noch laut), ist er ungewöhnlich umfangreich. Grimmelshausens Sätze sind allerdings biegsamer, als man es vom förmlichen Barockstil gewöhnt ist, er verwendet weniger Lehnwörter aus anderen Sprachen als seine Zeitgenossen. Im 17. Jahrhundert war knapper Stil ebenso wenig ein Ideal wie zweckmäßige Kleidung: Hatte man Reichtum, musste man prunken. Grimmelshausens Stil hat es nicht zum Schaden gereicht, dass ihm die gängige rhetorische Ausbildung vorenthalten geblieben ist.

Lässt man sich bei der Lektüre von den in vielen modernen Ausgaben leider unterschlagenen Trennungsstrichen den Rhythmus vorgeben, ist *Der abentheuerliche Simplicissimus Teutsch* erstaunlich gut lesbar: Der Schriftsteller Reinhard Kaiser hat vor kurzem eine elegante Übersetzung ins Neuhochdeutsche veröffentlicht, aber die Wahrheit ist, dass Grimmelshausens Sprache im Original durchaus ein wenig Mühe lohnt. Denn Sprachen beginnen nicht simpel, um sich in die Komplexität zu entfalten, im Gegenteil: Das frühe Neuhochdeutsch gefällt sich in seiner Kompliziertheit und findet erst im 18. Jahrhundert zum Ideal der Einfachheit. «Schreibe, wie du sprichst, so schreibst du schön», rät der junge Lessing seiner Schwester – kein Autor im 17. Jahrhundert hätte dem zugestimmt.

Die Soldaten nehmen Simplicius in die Festung Hanau mit, wo der kaiserliche Kommandant Ramsay, den es wirklich gegeben hat, sich als Schwager des toten Einsiedlers entpuppt. Begeistert versichert er das Findelkind seiner Gunst: Simplicius wird gewaschen, bekleidet und mit gutem Essen gefüttert, was aber vor allem dafür sorgt, dass sein Magen rebelliert: Das Leitmotiv der Hanau-Kapitel bilden die kolossalen Blähungen, die den Pagen Simplicius bei den hochgeborenen Leuten unbeliebt machen: «Simplici», sagt ihm bald schon ein befreundeter Pfarrer, «deine Sachen stehen lausig.» Nur in diesem Teil zeigt Grimmelshausen den grobianisch derben Humor, den wir von barocken Schwänken erwarten. Simplicius blamiert sich einmal zu oft und wird zur Strafe in einer nächtlichen Zeremonie zum Tier degradiert.

Der Vorgang ist zutiefst merkwürdig. Was zunächst wie ein

practical joke des Kommandanten aussieht, wächst sich zu einer archaischen Prozedur aus, in der man womöglich sogar noch die Konturen eines vorchristlichen Ritus erkennen kann: Simplicius wird von vier Männern in Teufelslarven in einen Keller geführt, er bekommt Wein zu trinken, man sagt ihm, dass er gestorben sei, er muss versichern, es zu glauben. Simplicius erkennt die Männer, aber halb hypnotisiert und halb eingeschüchtert vollzieht er den Ritus mit. Nach drei Nächten der Gefangenschaft wird er von dreien «der allergarstigsten alten Weiber / so je der Erdboden getragen» nackt ausgezogen und in ein Bett gelegt – vielleicht eine perverse sexuelle Initiation, vielleicht nur die Regression ins umsorgte Dasein des Kleinkinds. Zwei als Engel verkleidete Jungen geben ihm gutes Essen und Wein, in dem aber «ein lieblicher Schlafftrunck» verborgen ist. Er kommt von neuem zu sich, nun wieder in der Dunkelheit des Kellers, allerdings bekleidet mit einem Kalbsfell und einer Narrenkapuze mit Eselsohren. Von jetzt an ist er kein Mensch mehr: eine quasi schamanische Transformation hat stattgefunden, Simplicius ist Hofnarr, und er ist ein Tier.

Etwas sehr Altes taucht hier auf. Der Narr, ob er nun Feste, Pickelhering oder Arlequino heißt, ist nicht bloß Spaßmacher, er ist ein Halbmensch, eine Gestalt aus dem Schattenreich – der mordende Clown Pennywise aus Stephen Kings *Es* ist ja deshalb so eine wirkungsvolle Figur, weil er uns an die höllische Herkunft jedes Clowns gemahnt. Der Narr ist ein Witzbold, aber er ist zugleich ein gefesselter Dämon: Puck und Ariel verkörpern zwar die Freiheit, sind aber selbst unfrei und gebunden an ihren jeweiligen Herrn. Bis heute haben kleine Kinder Angst vor Clowns, aber man zwingt sie, die Clowns anzusehen, weil wir der festen Meinung sind, ein Zirkus ohne Clowns sei kein rechter Zirkus. Und das stimmt ja auch – aber nicht etwa deshalb, weil der Clown uns so viel Freude machen würde.

Simplicius muss jetzt im Kuhstall schlafen, und Ramsay besteht darauf, mit ihm zu sprechen, als hätte er wirklich ein Tier vor sich. Simplicius spielt mit und sagt, gemäß dem Prärogativ seiner Position, dem mächtigen Mann als Einziger die Wahrheiten, die dieser sonst nicht zu hören bekommt: «Was ist das aber vor ein Lob / welches mit so vielem unschuldig-vergossenem Menschen-Blut besudelt: Und was ist das vor ein Adel / der mit so vieler tausend anderer Menschen Verderben erobert und zu wegen gebracht worden ist?» – Und der Kommandant, offenbar den Regeln eines altvorgegebenen Narrendiskurses folgend, wundert sich, dass ein Kalb solche Dinge äußern kann: «Du Bernheuter / sagte mein Herr / wer lernet dich so predigen?»

Ganz ernsthaft, ohne erkennbare Ironie, unterhalten sich Ramsay und seine Gäste darüber, wie erstaunlich es sei, dass das Kalb so sinnvolle Dinge sage – als wären sie auf die Maskerade hereinfallen, die Ramsey selbst doch gerade erst in Auftrag gegeben hat. «Dahero nam mein Herr Ursach / mich zu fragen / sintemal ich dann nunmehr zu einem Kalb worden wåre / ob ich noch wie vor disem / gleich andern Menschen zu beten pflege / und in Himmel zu kommen getraue?» Simplicius ist ein Tier, weil Ramsay ihm verordnet hat, das Tierkostüm anzuziehen; nun aber fragt derselbe Ramsay voller Interesse, ob das sprechende Tier denn noch bete.

Spätestens jetzt wird dem modernen Leser klar, dass Grimmelshausen nicht von Figuren erzählt, wie wir sie gewöhnt sind. Er strebt keine Konsistenz der Charaktere an: Kommandant Ramsay ist jetzt schon nicht mehr der Gleiche, der er wenige Kapitel zuvor war, als er den Jungen aus dem Wald reinigen, bekleiden und zum Pagen machen ließ. Auch Simplicius ist nicht mehr das arme Kind, das er gerade noch gewesen ist, und er ist auch nicht mehr der hilflose Bedienstete, der unter Blähungen leidet. Als Narr ist er auf einmal mit allen Wassern gewaschen, er bietet spielend den gebildetsten Höflingen im Streitgespräch Paroli, und es fällt ihm leicht, zu jedem Thema mit literarischen Bezügen aufzuwarten.

Durch seine klugen Antworten gewinnt Simplicius die Gunst des Kommandanten zurück, und schon lässt dieser eine Zeremonie vorbereiten, bei der er das Narrenkleid ablegen und wieder zum Menschen werden soll. Aber dann geschieht die Katastrophe, ganz real und realistisch, ohne höfische oder literarische Stilisierung. Simplicius streift mit anderen Kindern – denn er ist ja selbst noch eines, man vergisst es leicht – auf den zugefrorenen Festungsgräben vor der Stadt herum, als eine Gruppe kroatischer Reiter auftaucht und sie kurzerhand mitnimmt. «Also muste ich zu Pferd / und innen werden / daß einem ein einzig unglůckliches Stůndlein aller Wolfahrt entsetzen / und von allem Glůck und Heyl entfernen kan / daß es einem sein Lebtag nachgehet.»

Grimmelshausen ist wohl selbst auf diese Art verschleppt worden – es ist die einfachste Erklärung dafür, dass er plötzlich nicht mehr in Hanau ist, sondern in der Armee auftaucht, entfernt «von allem Glůck und Heyl». Solche Entführungen sind nicht selten, die meisten Kinder werden gegen Lösegeld an die Eltern zurückgegeben. Doch der Waisenjunge Hans Jacob Christoffel hat niemanden, der für ihn bezahlen würde.

Simplicius marodiert mit den Kroaten durchs Land. Irgendwann entwischt er bei Nacht in den Wald, dort lebt er wie das Tier, als das er ja immer noch verkleidet ist. Einmal trifft er auf streunende Soldaten, aber die halten ihn seines Kostüms wegen für den Teufel und fliehen.

Und als hätte sein Kostüm ihn in eine Anderswelt geführt,

steht Simplicius plötzlich vor einem wunderlichen Haus. Schwefelblaues Licht fällt durch die Fenster, und er sieht «Leut» – tatsächlich gibt es keine nähere Bestimmung, man weiß nicht, ob Männer oder Frauen, ob alt oder jung –, die «Stecken / Besen / Gablen / Stůl und Bånck» mit einer eigentümlichen Substanz bestreichen, worauf diese sich in die Luft erheben und aus dem Fenster fliegen. Simplicius tritt ein und setzt sich auf eine Bank, sofort trägt diese ihn quer durchs Land zu einem Hexensabbat. Musiker spielen auf Nattern, Vipern, Blindschleichen und Katzen, und ein Mann fiedelt sogar auf einer Kröte, welcher die Därme aus dem Hintern gezogen und wieder ins Maul gestopft sind – der Anblick ist so grausig, dass Simplicius sich übergeben muss. Als er in seinem Entsetzen den Namen des Herrn anruft, verschwindet das Albtraumbild.

Zu den erstaunlichsten Dokumenten des Dreißigjährigen Kriegs gehört das Tagebuch des Söldners Peter Hagendorf. Es ist nicht literarisch geformt, es besteht aus kurzen Notizen eines einfachen Mannes, den seine Arbeit, der Krieg, von Schlacht zu Schlacht führt. Auch Hagendorf hat eine Begegnung mit Hexen zu erzählen. Mit einer Lakonie, die ihm kein Schriftsteller nachmacht, heißt es da im Jahr 1629: «In der liebstadt [in Lippstadt] hat es gudt aldt bir, vndt hat auch böse leute darin, das Ich habe Ihrer 7 verbrennen sehen darunter Ist sogar ein schönes medelein gewesen von 18 gahren. Aber sie Ist doch verbrandt worden.» So alltäglich war also der Anblick der Scheiterhaufen, dass man kaum mehr tat als achselzuckend daran vorbeigehen, um allenfalls noch eine Notiz zu machen, wenn eine der Brennenden außergewöhnlich jung und schön war.

Zu den wenigen Dingen, die wir über Grimmelshausen wissen, gehört der Umstand, dass im Gelnhausen seiner Kindheit die Hexenpanik so verbreitet war, dass es ihretwegen sogar soziale Unruhen gab. Das Volk rebellierte, übrigens unter der Führung von Grimmelshausens Großvater, weil ihm die Obrigkeit in der Verfolgung schwarzer Magie zu halbherzig war. Wie soll man also den gelassenen Skeptizismus deuten, der Simplicius nach seiner Hexenbegegnung von allen Seiten entgegenschlägt, als bewegte er sich in einer Welt der kühlen Rationalisten? Und was daraus machen, wenn ausgerechnet der menschenfreundliche Simplicius über viele Seiten, unter Verwendung zahlreicher Zitate und Anekdoten in der Haltung des einsamen Wahrheitsverkünders gegen die angeblich überwältigenden Zweifel seiner Umwelt die Existenz von Hexen beteuert? «Solches alles melde ich nur darumb / damit man eigentlich darvor halte / daß die Zauberinnen und Hexenmeister zu Zeiten leibhafftig auff ihre Versamlungen fahren.» Im Kapitel darauf gelangt Simplicius ins kaiserliche Heerlager vor Magdeburg und bemerkt lapidar: «[W]as ich von meiner Lufftfahrt und dem Hexen-Tantz erzelete / das hielt man vor Einfäll und Narrentheidungen.» In diesem Roman ist der Einzige, der resolut an Hexen glaubt, der Erzähler selbst. Ist das Satire? Man gäbe viel für eine Antwort. Aber das Buch bietet keine, und es gehört ja gerade zur Freiheit, die die pikareske Stimme dem Autor gibt, dass er nie zu deklarieren und letztlich auch nicht einmal zu entscheiden braucht, wie ernst es ihm mit einer Behauptung ist.

Auch im Magdeburger Heerlager bleibt Simplicius im Narrenkostüm. Trotz seiner seltsamen äußeren Erscheinung findet er einen treuen Freund namens Ulrich Hertzbruder, und er findet einen treuen Feind: den tückischen Schreiber und Schwarzkünstler Olivier, der die Dinge, die er erstrebt, «durch Hůlf deß Teuffels» zu erlangen pflegt; beiden wird er von jetzt an immer wieder begegnen. Hertzbruders Vater ist ein Wahrsager, der Simplicius seinen «kůnfftigen gantzen Lebenslauff» vorausdeutet, allerdings auf so verschlüsselte Weise, dass sich die Weissagungen immer erst im Nachhinein als erfüllt zeigen, «welches ich aber wenig achtet / und mich jedoch nachgehends vielen Dings erinnert / das er mir zuvor gesagt / nachdem es schon geschehen oder wahr worden».

So muss es ja auch sein. Geschichtenerzählen ereignet sich im Spannungsfeld zwischen Vorherwissen und Überraschung, daher benützen Romane oft Prophezeiungen als dramaturgisches Mittel. Vorhersagen müssen sich erfüllen können, zugleich aber muss der Autor Gründe finden, warum die Voraussagen das Eintreten dessen, was sie prognostizieren, nicht selbst unmöglich machen: Es ist schwer, das alte Paradoxon zu umgehen, dass man, wüsste man wirklich, was passieren wird, auch Mittel finden würde, es zu verhindern. Prophezeiungen müssen also entweder vergessen werden oder, wie jene von Macbeths Hexen, ihre eigene Erfüllung bewirken. Solch eine selbsterfüllende Prophezeiung wird dem alten Hertzbruder zum Verhängnis. Ein Leutnant kommt zum Handlesen, Hertzbruder warnt ihn, dass er lieber vorsichtig sein solle, um nicht als Mörder gehenkt zu werden. Empört über diese Frechheit zieht der Leutnant blank und ersticht den Wahrsager. Just in dem Moment reitet der Kurfürst von Sachsen vorbei, sieht den Mord und ordnet die Hinrichtung des Täters durch den Strang an. Eine perfekte Binnennovelle, nicht länger als ein Absatz.

Simplicius ist sein Narrenkleid leid, aber so leicht ist es nicht zu ersetzen, in einem Kriegsgebiet des 17. Jahrhunderts gibt es weder

Konfektionsläden noch Schneider. Als Simplicius «auf Fourage» – also beim Plündern – ein Frauenkleid findet, zieht er es kurzerhand an; alles ist besser als das Fell mit den Eselsohren. Daraus entstehen aber nun Geschlechtsunklarheiten von Shakespeare'schen Ausmaßen: Zwei Männer verlieben sich in ihn, Simplicius verspricht beiden die Ehe und fliegt auf, er wird der Hexerei angeklagt – wieso eigentlich, wo er doch eben noch beteuert hat, dass keiner um ihn an Hexen glaubt? –, aber noch vor seinem Prozess kommt eines der fürchterlichsten Blutbäder des Dreißigjährigen Krieges dazwischen, die Schlacht bei Wittstock. Grimmelshausen, der sie mit einiger Wahrscheinlichkeit miterlebt hat, beschreibt sie in einem meisterhaften Absatz, den man lange für einen Augenzeugenbericht gehalten hat. Er ist aber wörtlich aus dem Roman *Arcadia* von Philip Sidney in der Übersetzung von Martin Opitz übernommen. Und die Pointe liegt auch nicht in der Beschreibung der Schlacht, sondern in Simplicius' gleich danach ausführlich erzähltem Kampf gegen die ihn plagenden Läuse. Nach dem sehr kurz gefassten und noch dazu abgeschriebenen Bericht vom großen Morden geht es also lang um die Ungezieferqual. Was soll das eigentlich? Wenn es Satire ist, gegen wen oder was richtet sie sich?

Vielleicht lässt es sich aber anders verstehen. In der Schlacht von Wittstock sind sechstausend Menschen gestorben, elend und schmerzvoll, an einem einzigen Tag. Könnte es sein, dass die Erinnerung daran, falls Grimmelshausen denn wirklich dabei war, sich auch aus der Distanz vieler Jahre dem Erzählen entzieht und zu den eigentümlichsten Umkreisungen zwingt? Simplicius ist erfunden worden, um Erinnerungen ins Wort zu fassen. Aber mancher dunklen Dinge wird man nicht einmal mit seiner Hilfe Herr.

Nach der Schlacht kann Simplicissimus, der ja immer noch wegen Hexerei angeklagt ist, aus dem kaiserlichen Heer fliehen. Auch Ulrich Hertzbruder hat die Seiten gewechselt und verhilft ihm dazu, in schwedische Dienste zu treten.

Kriege werden von Söldnerheeren geführt, Nationen im modernen Sinn gibt es nicht. Auf schwedischer Seite kämpfen kaum Schweden, ebenso wie im polnischen Heer keine Polen kämpfen, und von der einen Armee in die andere zu wechseln ist ebenso wenig ehrenrührig, wie es heute verwerflich ist, eine Anstellung aufzugeben und bei einer anderen Firma anzufangen. Simplicius verlässt die Schweden bald wieder und wird Diener eines Dragoners, den er nach Westfalen begleitet, wo er, stationiert in der Stadt Soest, seine nächste große Verwandlung durchmacht: Als «Jäger von Soest» wird er zum berüchtigten Abenteurer. Plötzlich ist vom Elend des Soldatentums keine Rede mehr: Stolz berichtet Simplicius von seinem Erfolg bei der Fourage und von allerlei Kabinettstücken, die er gemeinsam mit seinem Freund Springinsfeld unternimmt.

Simplicius trägt jetzt das grüne Jägergewand, in dem viel später in einem anderen Buch der Teufel den Bewohnern eines Schweizer Dorfes erscheinen wird. Übrigens begegnet man Simplicius im ganzen Roman kaum je unverkleidet. Er trägt das härene Kleid des Einsiedlers, er trägt das Narrenkostüm, dann ein Frauenkleid, später wird er andere Kostüme tragen. Diese Sprünge sind nicht einfach Maskenwechsel, sie sind Transitionen von einer Persönlichkeit zur nächsten. Der Jäger von Soest hat wenig mit dem Hofnarren aus Hanau gemeinsam, ebenso wie der heilige Mann, der Simplicius später sein wird, höchstens ein entfernter Verwandter dieses Jägers ist. Das Buch einen Entwicklungsroman zu nennen, wie man es im 19. Jahrhundert getan hat, verkennt drastisch sein Wesen: Simplicius entwickelt sich nicht vom einen Zustand zum nächsten, sondern er ist einmal dies und dann etwas ganz anderes, meist mit Phasen traumdurchwachsenen Dämmerschlafs als Übergang.

Das offene Geheimnis von Grimmelshausens Hauptfigur ist, dass sie keine Identität hat. Sie braucht auch keine: Zum einen verkörpert sie ja die Unsicherheit zwischen den Ständen, Berufen und Lebensformen einer ins Ungleichgewicht geratenen Welt. Zum anderen aber liegt Grimmelshausens Entdeckung gerade darin, dass die Kontinuität des Erzähltons die Einheit der Figur ersetzen kann. Auf den ersten Blick sieht es aus, als hätte er mit Simplicius zu einer großen literarischen Gestalt gefunden. Was er aber wirklich gefunden hat, ist eine Stimme.

Simplicius wechselt immer wieder Kostüm und Charakter, seine Eigenschaften ändern sich, aber seine Stimme bleibt gleich: Der abrupte Wechsel zwischen Spott und Klage, zwischen ausführlichen Reflexionen und knappen Beschreibungen, zwischen Traumschilderung und höherem Witz, das Schwanken zwischen nicht ganz ernst zu nehmendem Stolz und ebenso wenig ernst zu nehmender Selbstbezichtigung, – das ist Simplicius, und etwas anderes ist er nicht.

Um diesen Ton zu finden, musste Grimmelshausen die Erzählhaltung der spanischen Pikareske übernehmen, bei der jeder Satz dem Autor freistellt, ob er den abgeklärt zurückblickenden alten oder den mitten im Leben stehenden jungen Helden hervorkehren möchte. Die autobiographische Erzählung ist in gerader Linie aus der religiösen Gewissenserforschung in der Tradition der *Bekenntnisse* des Augustinus hervorgegangen, die Pikareske wagt es nun, diesen Lebensbericht in der ersten Person Singular zu etwas Respektlosem, ja moralisch Fragwürdigem zu machen. Erst das Changieren zwischen erlebendem und beobachtendem Erzähler ermöglicht es, vor keiner Peinlichkeit zurückzuschrecken, ja sogar von seinen Glaubenszweifeln und Blähungen zu sprechen. Da der Erzähler immer vorgibt, Beispielhaftes zu des Lesers Belehrung darzubieten, erwirbt er die Lizenz, keiner Niedrigkeit aus dem Weg zu gehen.

Auch Simplicius beteuert natürlich seine Absicht, die Torheit der Welt anzuprangern. Aber Grimmelshausens Entdeckung, die er vermutlich als unerhörte Befreiung von den Zwängen seiner apokalyptischen Umwelt erfahren hat, ist die moralfreie Universalität dieser Stimme, die jedem Inhalt gewachsen ist und Dinge in Worte fassen kann, die überhaupt nicht erzählbar waren, bevor es die Stimme gab. Grimmelshausen macht diese Entdeckung nicht nur für sich. Er macht mit ihr Literaturgeschichte.

Der Pikaro ist kein zurückhaltender Mensch: Er mischt sich ein, er begeht Irrtümer und erlebt Abenteuer. Vor allem aber hat er Meinungen. Der Held des Schelmenromans entspricht natürlich nicht dessen Autor, aber er entspricht auch nicht ganz *nicht* dessen Autor. Der Schelmenroman spielt von Anfang an mit persönlichen Elementen – daraus bezieht die Stimme ihre Glaubwürdigkeit. Sogar bei den neopikaresken Romanen des 20. Jahrhunderts wie Saul Bellows *The Adventures of Augie March* oder Martin Amis' *Money* findet dieses Spiel noch statt: Die schrill überdrehte Stimme erlaubt es dem Autor, Ansichten auszusprechen, von denen man durchaus vermutet, dass er sie nicht für falsch hält, auch wenn er sie als die eigenen nie äußern würde. Die Pikareske ist eine Pseudo-Autobiographie, die Nähe des Erzähler-Ich zum Ich des Autors von Anfang an ein bestimmendes Element dieser Form. So gibt sich Simplicius im Gespräch mit dem Pfarrer von Soest plötzlich als Autor eines Jugendwerks über den keuschen Joseph zu erkennen. Nun hätte Simplicius, der ja gerade erst Lesen gelernt hat, gar keine Zeit gehabt, so ein Werk zu verfassen, Grimmelshausen aber hat tatsächlich *Des vortrefflichen keuschen Josephs in Ägypten erbauliche Lebensbeschreibung* geschrieben. Es scheint, als würde er für einen Moment vergessen, dass er ja nicht von sich, sondern von der erfundenen Figur spricht, oder richtiger: Für einen Moment ist die Unterscheidung ihm nicht mehr wichtig. Und auch die Liebe zur Literatur, die Simplicius immer wieder erwähnt, passt nicht recht zu ihm, sie passt aber zu seinem Autor: «Jm ůbrigen hielte ich mich sehr still und eingezogen / also daß sich die Leut verwunderten / wann sie sahen / daß ich stets ůber den Bůchern sasse wie ein Student / da ich doch Raubens und Blutvergiessens gewohnt gewesen.»

Nein, Simplicius ist auf keinen Fall, wie Eichendorff meinte, ein «unmittelbar aus dem Volk gegriffener, poetischer, treuer Gesell». Poetisch ist er nicht, er ist nicht treu, er ist in keiner Form unmittelbar, und er ist eigentlich auch kein Gesell. Da nimmt es nicht wunder, dass er nicht einmal einen herkömmlichen Namen hat: Von seinen Eltern (die, es wird sich später herausstellen, gar nicht seine Eltern sind) wird er nur «Bub» gerufen, der Einsiedler gibt ihm um seiner «pure[n] Einfalt gegen andern Menschen» willen den Namen «Simplicius», und als würde ihn das noch nicht genug aus der Menge herausheben, dazu noch «Simplicissimus»: der allereinfältigste Einfältige.

Dabei ist er gar nicht so töricht: Er ist hochbelesen, er ist ein geschickter Kämpfer, er reüssiert als Musiker, und nicht selten wird auf sein ansprechendes Äußeres angespielt. Die Aufgabe seines Namens ist, ihn zur Leerstelle zu machen, die während des Fortgangs der Erzählung je nach Bedarf gefüllt werden kann, wahlweise mit Erlebtem oder Erfundenem. Die Stimme schenkt dem Autor den Anschein einer Figur, die er selbst sein kann, sobald er das möchte, aber von der er sich auch jederzeit distanzieren darf.

Spät erst erfährt der Held seinen wahren Namen, aber dieser bleibt eine Äußerlichkeit, die weder Simplicius noch Grimmelshausen wirklich zu interessieren scheint. Und bestimmt nicht unwichtig unter den fanatisierten Zeitumständen: Auch religiös hat Simplicius keine Identität, und wird er deshalb zur Rede gestellt, reagiert er mit gelassener Skepsis: «Jch antwortet / Herr Pfarrer / das sagen auch alle andere von ihrer Religion / welchem soll ich aber glauben?»

Der Jäger von Soest erlebt zahlreiche tolldreiste, wenn auch letztlich nicht sehr interessante Abenteuer. Für einige Kapitel verflacht der Roman, und auch die intensive Realität des Heerlagers ist nicht mehr so präsent wie zuvor. Einmal nur läuft hier Grimmelshausens Erzählkunst zu alter Form auf – und wieder ist es in einer Gespensterszene. Der Jäger von Soest, wie meist auf Plünderung, steigt mit seinem Gaul in einen Keller hinab, wo es ihm aber plötzlich nicht mehr geheuer ist. «Als ich nun so mit Verwunderung da stunde / und dem Pferd zusahe / wie es vor Forcht zitterte / kam mich auch ein solches Grausen an / daß mir nicht anderst wurde / als ob man mich bey den Haaren ůber sich zŏge / und einen Kůbel voll kalt Wasser ůber mich abgŏsse / doch konte ich nichts sehen.» Simplicius zieht seine Waffe, aber da ist niemand, auf den er schießen kann, da ist nur ein Stück Mauer, das anders aussieht als die anderen Wände. Als er sich ihm nähert, steigt seine Furcht: «Zehen / ja hundert mal lieber hått ich Kugeln gewechselt als mich in solcher Angst befunden.»

Er schießt ins Mauerwerk und findet Wertsachen: Münzen, Ketten, Kleinodien. Etwas Schreckliches muss einst in diesem Keller passiert sein, aber er macht sich nicht die Mühe, es zu erforschen, und als ihn die Leute fragen, ob er denn dort unten – ein großartiges Detail erzählerischen Überschusses – «die Jungfrau sampt dem schwartzen Hund auff dem eisernen Trog nicht gesehen» habe, kann er nur verneinen. Er hat sie nicht gesehen. Und er ist jetzt reich.

Sein großer Kummer aber ist, dass es ihm bei allem Heldentum nicht gelingt, aus seinem niedrigen militärischen Rang befördert zu werden. Selbst als eine Idee von ihm die Einnahme einer Stadt ohne Blutvergießen möglich macht, bringt ihn das in der Hierarchie nicht weiter. Er, zu allen Verwandlungen in der Lage, kann sich nicht zu einer Person höheren Standes machen.

Auch in erotischer Hinsicht ist der Jäger nicht der unerfahrene Junge, der Simplicius einst war. Er wird vom Vater einer Geliebten in flagranti erwischt und zur Hochzeit gezwungen. Zwar klagt Simplicius darüber, dass er von nun an «unter einer Bottmåssigkeit leben» soll, aber in Wahrheit ist er seiner Frau herzlich zugetan; sofort nach der Eheschließung will er sich finanziell konsolidieren und macht sich auf den Weg nach Köln, wo er seinen im Gespensterkeller gefundenen Schatz zurückgelassen hat. Er meint, dass die Reise kurz sein wird, aber natürlich ahnt man bereits, dass er irrt. Seine junge Frau sieht er in diesem Leben nicht wieder.

Als er beim Schreiben an dieser Stelle angelangt ist, ist Hans Jacob Christoffel von Grimmelshausen, wie er sich jetzt unter Verwendung des von seinen Vorfahren aufgegebenen Adelstitels nennt, längst nicht mehr beim Militär. Gleich nach Kriegsende ist er in den Zivilstand getreten, hat sich katholisch taufen lassen, hat geheiratet und ist Gastwirt und Schaffner – also eine Art amtlicher Gemeindevorsteher – in Gaisbach im heutigen Baden-Württemberg geworden.

Die Nachkriegszeit hat begonnen. Aufgabe eines Schaffners ist es, aufzubauen, was sich wieder aufbauen lässt. Verordnungen müssen wieder durchgesetzt, die verödeten Äcker neu bepflanzt, alte Grenzsteine aufgerichtet werden. Überall fehlt es an Menschen. Die Opferzahlen des großen teutschen Krieges sind ungeheuerlich, gemessen an der Bevölkerungsgröße weit höher als die des Ersten und Zweiten Weltkriegs. Ein Schaffner verdient wenig Geld, und so betreibt Grimmelshausen nebenbei die Schenke «Zum silbernen Stern». Man kann kaum begreifen, wie dieser Provinzmagistrat und Wirt, der außerdem gerade eine Familie gegründet hat, es fertigbringt, nebenbei ein vieltausendseitiges Erzählwerk zu produzieren.

Er ist isoliert, er hat keine Verbindungen zu den im Barock so wichtigen literarischen Gesellschaften, er steht nicht in Korrespondenz mit Kollegen. Man kann sich vorstellen, dass alle Sehnsucht nach Austausch und Gespräch in sein Schreiben selbst eingeht: Romanautoren sind grundsätzlich zwanghafte Leute, Grimmelshausen aber muss ein sogar unter den Obsessiven ungewöhnlicher Fall gewesen sein. Er schreibt wohl schnell und mit größter Geläufigkeit, unter Ausnützung der hellen Stunden des Tages und der Pausen, die ihm die Amtsgeschäfte und das Wirtshaus lassen. Ein Mann seines Vermögensstandes kann bei Nacht nicht arbeiten. Wachskerzen sind ein Luxus für Wohlhabende, und die billigeren Talgkerzen verströmen einen stechenden Rauch, der husten macht und schmerzt. Im 17. Jahrhundert steht man mit der Sonne auf und legt sich ins Bett, wenn es dunkel wird. Gewiss schreibt man keine Romane bei Talglicht.

In Köln ist Simplicius' Vermögen inzwischen versiegt und verschwunden. Er schließt sich einem windigen Gefährten an und macht sich auf den Weg nach Frankreich: Sein Mitreisender betrügt ihn und lässt ihn im Stich, aber in Paris macht er Karriere, zuerst als Sänger, dann als käuflicher Liebhaber schöner Französinnen, die ihn den «*Beau Alman*» nennen, an einem Ort der Liebe namens Venusberg. Pflichtschuldig beteuert der zurückblickende Erzähler, dass er damals auf seinem moralischen Tiefpunkt angelangt sei; aber es hilft nichts, die Venusberg-Passagen bleiben eine zutiefst heitere rokokohafte Wunschphantasie. «Jch gedachte zwar heim an meine Liebste, aber was halffs / ich war leyder ein Mensch / und fand in solche wohlproportionirte Creatur / und zwar von solcher Lieblichkeit / daß ich wohl ein Ploch» – also ein Holzklotz – «håtte seyn můssen / wenn ich keusch håtte darvon kommen sollen.» Der natürlich auch als Liebhaber sehr begabte Simplicius kann den «gottlosen Weibsbildern» fünfhundert Duplonen «abverdienen». Wieder wohlhabend, macht er sich auf den Rückweg. Unterwegs wird er schwer krank; das Wort Pest fällt nie, aber man erkennt die Symptome. In einem Kuhdorf am Weg liegt er im Fieber, als es ihm bessergeht, ist er nicht mehr der *Beau Alman*. Seine Augen sind rot, sein Gesicht ist gezeichnet von Narben, seine Haare hat er verloren. Die traurigste seiner vielen Verwandlungen: Simplicius ist jetzt hässlich.

Passend zu seinem neuen Aussehen sucht er sich eine neue Beschäftigung und wird reisender Verkäufer einer Wundermedizin. Bei Philippsburg wird er als Quacksalber verhaftet, nach ein paar weiteren Abenteuern wird er im Wald von einem Räuber überfallen, in dem er seinen ehemaligen Feind Olivier erkennt. Man rauft sich im wahrsten Sinn des Wortes zusammen und plündert eine Weile gemeinsam: Ausführlich erzählt Olivier seine Lebensgeschichte, die sich in Struktur und Ton wie eine gewissenlosere Variante des Lebens von Simplicius ausnimmt – denn natürlich ist

Oliviers Stimme die Stimme des Simplicius. Schließlich werden sie in einem Wirtshaus von Soldaten gestellt: Es kommt zu einer Schießerei, Olivier stirbt, Simplicius kann fliehen.

Er begegnet seinem inzwischen ins Elend geratenen Freund Ulrich Hertzbruder wieder. Hertzbruder und Olivier sind wie einander entgegengesetzte Gewichte an der Waage: Der eine ist die Übersteigerung von Simplicius als Betrüger, Narr und Trickster, der andere die Übersteigerung seiner gutherzigen Seite. Nicht umsonst hatte Olivier zuvor einen Auftritt in den Kapiteln über den Jäger von Soest, in denen er, angezogen wie Simplicius, dessen Identität annahm, bis Simplicius ihn beherzt vertrieb. Beide Alter Egos müssen nun durch Stellvertretertode entfernt werden: Olivier unterliegt neben Simplicius und an seiner statt in einem aussichtslosen Kampf gegen die Ordnungsmacht, Hertzbruder wiederum fällt jener Krankheit zum Opfer, der Simplicius gerade noch entgeht.

Als Simplicius heimkommt, ist seine Frau gestorben, sein kleiner Sohn wird von der Schwägerin aufgezogen, und seiner Pestnarben wegen erkennt ihn keiner. Was soll ein mittelloser Gauner wie er mit einem Kind? Eine schneidend knapp erzählte Szene: Simplicius gibt sich nicht zu erkennen, küsst den Kleinen zum Abschied, «darůber mirs Hertz håtte brechen mǒgen», und macht sich davon, um seinen Sohn nie wieder zu sehen.

Im Wasserkurort Sauerbrunnen verliebt sich Simplicius in eine Bäuerin. Er hat alle Hoffnungen, in der Standeshierarchie aufzusteigen, aufgegeben, also macht er ihr den Hof, heiratet sie und wird selbst zum Bauern. Da trifft er seinen totgeglaubten Vater wieder, der erstens gar nicht tot ist und zweitens auch nicht sein Vater; er hat ihn bloß aufgezogen, eigentlich war Simplicius der

Sohn des Einsiedlers, und sein wahrer Name ist Melchior Sternfelß von Fuchsheim.

Das Großartige ist, dass aus dieser Wendung gar nichts folgt. Simplicius ist adelig, aber die Menschen behandeln ihn nicht anders, weder seine Vermögensumstände noch sein Rang haben sich geändert. Er ist ein anderer, als er zu sein glaubte, aber wenn man eigentlich niemand ist, spielt ein Name keine Rolle. Wäre der Mensch durch seine Herkunft bestimmt, waltete über ihm das Gesetz des Blutes, gäbe es eine gottgegebene Hierarchie, so müsste Simplicius nun ein neuer Mensch sein. Aber nichts von alldem. Er ist nicht einmal erschüttert oder verwirrt. Simplicius bleibt der Gleiche, zeigt keinerlei Adelsstolz und verwendet nicht einmal seinen neuen Namen.

Auch einer wie Grimmelshausen steht zwischen allen sozialen Zugehörigkeiten. Er stammt aus adeliger Familie, aber er ist ein Bäckerssohn. Er führt wieder den Titel, den seine Vorfahren fallengelassen haben, aber es hat keine Folgen für ihn. Als Schaffner und Schultheiß lebt er unter Bauern, aber er ist kein Bauer, und er gehört auch nicht zum Adel, für den er arbeitet. Er schreibt wie besessen, aber er hat keine Verbindungen zu Literaten. Als Mann ohne feste Identität schreibt er über einen Mann, der keine Identität hat. Nur wenige Jahrzehnte ist es her, da wurde in einem anderen Land von einem anderen ehemaligen Soldaten ein Buch über einen Mann geschrieben, der kein solides Ich besitzt und sich für einen Ritter hält zu einer Zeit, in der es keine Ritter mehr gibt. Man wird sich seiner selbst unsicher, man weiß nicht, wohin man gehört. Die Welt hat keinen Boden mehr, und es entsteht der moderne Roman.

Simplicius' Frau liebt ihn nicht, ja schlimmer noch, sie gibt zu viel Geld aus, und er verarmt schon wieder. Außerdem bringt sie ein Kind zur Welt, welches aussieht wie der Knecht, zur gleichen Zeit bekommt eine Magd ein Kind, das aussieht wie Simplicius, und legt es ihm vor die Tür. Simplicius' Frau wird Alkoholikerin und tötet sowohl damit sich selbst als auch das ihm untergeschobene Kind, das sie noch stillt.

Er lässt den Hof in den Händen seines Ziehvaters zurück und reist zum sagenumwobenen Mummelsee, wo er ein langes Gespräch mit dem Fürsten des Sees führt. Dieser hat einiges mit Shakespeares Oberon, einiges auch mit Tolkiens mürrischen Elben gemeinsam: Angeekelt von den Belangen der Sterblichen, beschreibt er Simplicius das Innere der Welt. Die Erde sei ausgehöhlt durch ein kompliziertes Netz von Röhren und Kanälen, in denen in Frieden und Ruhe das unsterbliche Volk lebe und sich den Menschen nicht zeige. Zum Abschied schenkt er Simplicius einen Stein, der eine Heilquelle aus dem Boden sprudeln macht, wo immer man ihn fallen lässt. Simplicius dankt demütig und verspielt das große Geschenk sofort, indem er den Stein versehentlich neben sich legt und einschläft. So entsteht eine segensbringende Quelle an einem Ort, an den niemals irgendwer kommt.

«Frantzősische / Schwedische und Hessische Vőlcker» nähern sich, und Simplicius wird von neuem rückfällig, denn sein Autor kann einfach nicht aufhören, vom Soldatenstand zu erzählen. *Der abentheuerliche Simplicissimus Teutsch* ist ein Buch gegen den Krieg, so beteuert es Simplicius immer wieder, und so möchte man es als moderner Leser auch sehen. Aber beide, Grimmelshausen wie auch Simplicius, scheinen aufzuleben, sobald es ums militärische Dasein geht. Und so kann auch der schwedische Oberst einfach nicht glauben, dass Simplicius wirklich ein Bauer sein will:

> Darauf verwundert er sich / daß ich mitten im Krieg so unter den Baurn wohnen / und zusehen möchte / daß ein anderer sein Pferd an meinen Zaun binde / da ich doch mit bessern Ehren das meinig an eines andern binden könnte / ich solte (sagte er) den Degen wieder anhencken / und meine Gaben die mir Gott verliehen hätte / nicht so hinderm Ofen und beym Pflug verimlen lassen.

Wer könnte da widerstehen. Simplicius schließt sich dem Oberst an und begleitet ihn auf diplomatischer Mission nach Moskau. Zuvor war er Protestant in der kaiserlichen Armee, jetzt ist er Katholik in protestantischen Diensten. In Russland überstürzen sich die Ereignisse – allmählich scheint es die Stimme kurios zu finden, dass sich dauernd etwas ereignen muss, nur damit sie weitersprechen kann. So wendet die Ironie sich unversehens gegen das Erzählen selbst, und dieses stürzt sich in die Achterbahn des absurdesten Zeitraffers: Simplicius wird vom Mongolenheer entführt, in China an Kaufleute veräußert und dem König von Korea als Geschenk überreicht. Diesen unterrichtet er eine Weile im Gebrauch moderner Schießgeräte, wofür er schließlich seine Freiheit zurückbekommt. Er reist nach Japan und nach Macao, wird danach aber von Seeräubern gefangen, mit denen er eine Zeitlang die Ostindischen Inseln befährt, bis sie ihn an ägyptische Händler verkaufen, die ihn in Konstantinopel als Galeerensklaven abstoßen. Nach verlorener Seeschlacht wird er gefangen genommen und von den Venezianern befreit, nur um – jetzt ist der Weg ja nicht mehr weit – als wieder fromm gewordener Pilger nach Rom zu ziehen. Und all das, man muss es selbst nachlesen, um es zu glauben, passiert in einem einzigen Satz. Das Prinzip Handlung führt sich selbst ad absurdum, es passiert so viel, dass eigentlich gar nichts mehr passiert. In einem aberwitzigen Ereignissturm kommt Simplicius' Geschichte an ihr Ende.

Hätte der Autor es doch dabei bewenden lassen! Was für ein Schluss wäre das gewesen. Als gut konditionierter Leser denkt man natürlich sofort an Flauberts berühmte Zeitrafferpassage in *Die Erziehung des Herzens,* aber Grimmelshausen geht es nicht ums schnelle Verstreichen der Jahre, hier wendet sich vielmehr die Stimme, die alles ironisieren konnte, gegen ihr eigenes Projekt des Erzählens: Das Prinzip der fiktiven Autobiographie ironisiert sich selbst, das Prinzip der Abenteuerkette wird durch unsinnige Abenteuerhäufung aufgehoben. Wie brillant das ist, wie heiter, frei und wunderbar! Wie sehr man sich wünschen würde, das wäre tatsächlich das Ende.

Zwei kurze Abschlusskapitel: Das erste ist eine gnadenlose Bilanz: «Dein Leben ist kein Leben gewesen / sondern ein Todt; deine Tage ein schwerer Schatten / deine Jahre ein schwerer Traum / deine Wollůst schwere Sůnden / deine Jugend eine Phantasey.» Im letzten Kapitel schließlich verlässt Simplicius die Welt, deren Hinfälligkeit er in etwas phrasenhaften Wendungen beteuert, die Grimmelshausen der Einfachheit halber wortwörtlich aus einem mittelmäßigen Besinnungsbuch abgeschrieben hat. Dann wird er zum Einsiedler: «Ob ich aber wie mein Vatter seel. biß an mein End darin verharren werde / stehet dahin.» Mit dieser schönen Vagheit hätte das Buch schließen können.

Eine Figur ist Illusion, eine Stimme ist real. Das Erzählen täuscht vor, die Stimme sei eine Funktion der Figur, aber in Wahrheit ist die Figur die Funktion der Stimme. Was immer man gesehen, erfahren und gedacht hat: Die Stimme kann es aufnehmen, kann es im wahrsten Wortsinn bewältigen. Ob man etwas aus reiner Luft erfindet, wie zum Beispiel einen Besuch im Pariser Venusberg, oder ob man etwas berichtet, das man erlebt hat, wie eine Entführung aus dem winterlichen Hanau, oder ob man etwas, das man gesehen und erlebt hat, mit den Worten eines anderen erzählt, wie die Höllenschlacht bei Wittstock, oder ob man Ängste und Ahnungen, die einem selbst angehören und zugleich fremd sind, in Geschichten von Hexen im Wald oder ein Gespenst im Keller verwandelt – die Stimme ist flexibel, sie steht immer zu Gebote, sie versagt vor keinem Inhalt. Man ist in einer chaotischen Welt geboren, man hat wieder und wieder alles verloren, es gibt nichts, dem man vertrauen kann. Außer der Stimme.

Soll man sich so einfach von ihr trennen? Soll es wirklich vorbei sein, einfach so? Man wäre wieder sprachlos. Man wäre wieder allein mit Verlusten und Wunden und mit dem, was viel später Kriegstrauma heißen wird. Man wäre wieder allem ausgesetzt. Denn die Stimme war doch das Mittel, das man gefunden hat, um damit fertig zu werden.

So schreibt man also weiter. Man fügt dem *Simplicissimus* noch ein Buch hinzu, die *Continuatio.* Danach schreibt man das erste Spin-off: *Trutz Simplex,* danach den *Springinsfeld,* danach *Das wunderbarliche Vogelnest,* danach *Das wunderbarliche Vogelnest II* und danach das *Rathstuebel Plutonis,* und so hätte es immer weitergehen können, wäre nicht der Krieg, von dem die Stimme immer und immer wieder erzählt, schließlich zurückgekommen.

Die *Continuatio* ist leider eine quälende Lektüre. Einerseits ist Simplicius' Vitalität unerschütterlich, sodass ihn der Einsiedlerstand nicht hält, andererseits aber scheut Grimmelshausen nun doch davor zurück, ihm einen neuen Rückfall in die Weltlichkeit anzudichten. Daher lässt er ihn lethargisch, passiv und fromm durch Wälder und Felder ziehen, Gespräche mit dem Teufel führen und in Traumzuständen symbolbeladene Binnennovellen erdenken. Belebend ist nur die Begegnung mit Baldanders, einem heidnischen Gott, der alle Formen und Gestalten annehmen kann und für das alchimistische Renaissance-Ideal der Transformation steht. Wenn Baldanders die Beständigkeit des Wechsels preist und sich unterdessen in Pflanzen und Bäume, aber auch Kuhfladen und Bratwürste verwandelt, so verkörpert er ganz und gar die Essenz von Grimmelshausens unabschließbarer Erzählung: sowohl das Ineinander von hohem Ton und Derbheit als auch den nie endenden Wechsel von einer Inkarnation zur nächsten.

Der Krieg ist Grimmelshausens unmittelbarer Anlass zum Erzählen. Wo immer er ihn berührt, kann er nichts falsch machen; wenn er sich davon entfernt, läuft er Gefahr, sich im Bizarren oder in heiteren Kuriositäten zu verlieren. In den weiteren Kapiteln der *Continuatio* hat Simplicius ein langes Gespräch mit einem Stück Toilettenpapier, er nächtigt in einem verwunschenen Haus und erfährt eine umständliche Zauberformel, die angeblich verhindern kann, dass man von Pistolenkugeln getroffen wird (netterweise teilt er sie dem Leser auch mit, aber alles läuft auf ein Anagramm hinaus und auf den matten Scherz, dass man besser nicht dort stehen solle, wo die Kugel einschlägt); schließlich geht er auf Reisen, erleidet Schiffbruch und endet auf einer einsamen Insel. Von einer Robinsonade zu sprechen wäre aber unhistorisch, da Grimmelshausen vor Daniel Defoe geschrieben und diesen wahrscheinlich beeinflusst hat.

Ein neuer Erzähler meldet sich zu Wort: Ein holländischer Kapitän berichtet davon, wie er und seine Matrosen einst auf einem unbekannten Eiland gestrandet sind; er berichtet von Erdbeben und seltsamen Gesichten, die die Seefahrer plagen, sodass sie meinen, verrückt zu werden. Auch scheint ihnen, dass sie auf der Insel nicht allein sind. Und tatsächlich, da ist jemand, «er kôndte auch wol ein Zauberer seyn / welcher uns durch seine Kůnste mit Erdbeben und solcher Wahnwitzigkeit plage».

Wie Prospero tritt Simplicius den Gestrandeten als Herr der Insel entgegen, auch er hat abseits der Zivilisation zu innerem Frieden und Macht gefunden. Aber anders als Shakespeares Held sehnt er sich nicht nach der Heimat: «Also begere er auch noch nicht wider in Europam zu kehren.» Er übergibt sein Buch dem Kapitän, die Seeleute nehmen Abschied und machen sich auf den Weg, um Simplicius' Lebensgeschichte zurück nach Deutschland zu bringen.

Grimmelshausen schreibt jetzt vermutlich ohne Pause: Im gleichen Jahr wie die *Continuatio* erscheint *Trutz Simplex,* der Lebensbericht der Landstreicherin Courasche. Und wieder gelingt ihm eine echte Innovation: Der Roman der frühen Neuzeit braucht noch einen nachvollziehbaren Anlass dafür, dass überhaupt erzählt wird. Wir sind gewohnt, die Frage nicht zu stellen, warum – und wann, wo und unter welchen Umständen – ein Ich-Erzähler sich eigentlich hinsetzt und Hunderte Seiten über sich selbst zu Papier bringt, deren Inhalt meist noch intim und keineswegs schmeichelhaft für ihn ist. Für uns gehört das zu den Konventionen des Romans, wir willigen ein, uns auf eine Illusion einzulassen, aber diese Übereinkunft, die die Romanschriftsteller erst dem Publikum beibringen mussten, existiert für die Autoren des Barock noch nicht. Hier muss eine Erzählung immer auch glaubhaft darlegen, von wem, warum und wo sie eigentlich aufgeschrieben wird. Romane bestehen daher entweder aus Briefen, oder sie sind fiktive Berichte, oder aber sie sind Bekehrungsgeschichten von Menschen, die ihre vergangenen Torheiten als exemplarisch darstellen. *Trutz Simplex* nun ist der erste Schelmenroman, der auf das Bekehrungsmotiv verzichtet. Courasches Antrieb ist ganz und gar weltlich. Sie will sich rächen.

Eine Frau erzählt von ihrem Leben im Krieg. Immer wieder verliert sie alles, ein Gefährte nach dem anderen stirbt an ihrer Seite, aber sie gibt nicht auf, sie wird nie larmoyant, und sie behält immer ihren spöttischen Ton, der nicht zufällig der Ton ist, in dem schon Simplicius sein Leben erzählt hat. Courasche allerdings hält nie für utopistische Spekulationen, Tagträume und allegorische Binnengeschichten inne, und da sie nicht gebildet ist, muss sie uns auch nicht wie Simplicius regelmäßig ihre Lesefrüchte mitteilen. Ihr kurzer Roman ist reines Erzählen, zur Gänze angesiedelt in der Welt der Söldnerheere, die Grimmelshausen besser kennt als jeder andere Schriftsteller vor und nach ihm.

Immer wieder beteuert sie, dass sie nur erzählt, um sich an Simplicius zu rächen, aber erst gegen Ende versteht man, was es damit auf sich hat: Im Badeort Sauerbrunnen hatte Simplicius einst eine kurze und bedeutungslose Affäre. Die Frau habe es, sagt er, vor allem auf sein Geld abgesehen gehabt und sei überhaupt «mehr *mobilis* als *nobilis*» gewesen. Danach erwähnt er sie nie wieder.

Courasche nun ist diese Frau, und wenn sie von ihren Verfehlungen und Betrügereien, all ihren Männern und ihrer tatsächlich beeindruckenden Promiskuität berichtet, verfolgt sie nur ein Ziel: Simplicius zu blamieren, der sich ja immerhin mit einer wie ihr eingelassen hat. Nun erklärt sich auch der seltsame Titel. *Trutz Simplex*: dem Simplicius zum Trotz.

Im zweiten Teil des *Don Quixote* begegnet der Ritter von der traurigen Gestalt immer wieder Leuten, die den ersten Teil gelesen haben und daher wissen, mit wem sie es zu tun haben. Auch Courasche ist eine Leserin des *Simplicissimus Teutsch,* und sie ist vielleicht die erste, aber ganz sicher nicht die letzte Frau, die sich mit einem Schriftsteller eingelassen hat und danach nicht mag, was sie über sich in seinem Buch findet.

> Also lebte ich nun mit meinem Rittmeister in heimlicher Liebe / und versahe ihm beydes die Stelle eines Cammerdieners und seines Eheweibs; ich quålte ihn offt / daß er dermahlen eins sein Versprechen halten / und mich zur Kirchen fůhren solte / aber er hatte allzeit eine Ausrede / vermittelst deren er die Sach auf die lange Banck schieben konnte / niemahlen konnte ich ihn besser zu Chor treiben / als wann ich eine gleichsam unsinnige Liebe gegen ihn bezeugte / und darneben meine Jungfrauschafft wie des Jephthå Tochter beweinte; welchen Verlust ich doch nicht dreyer Heller wehrt schåtzte.

So ungehemmt frei, so wild und lustig ist vielleicht nie zuvor erzählt worden. Courasche ist Soldatin (und überwältigt so manchen Mann im Zweikampf), sie ist Landstreicherin, Prostituierte und natürlich auch Marketenderin: In dieser Gestalt kennt die Welt sie durch Brechts *Mutter Courage und ihre Kinder*, und wie bei Brecht lernt sie auch in Grimmelshausens Vorlage nie etwas dazu, hier allerdings, weil es nichts zu lernen gibt: Die Welt ist schlecht und ungerecht, was du hast, wird dir genommen, und was du erstrebst, erreichst du nie, aber das ist kein Grund, dich hängenzulassen oder den Humor zu verlieren.

Die Courasche teilt mit Simplicius eine Stimme, oder richtiger: Sie ist seine Zwillingsschwester, da sie aus der gleichen Stimme entstanden ist wie er. Die Stimme ist nicht geschlechtslos, sie ist wohl doch eher männlich als weiblich, aber eine männliche Stimme ist nicht geknüpft an einen männlichen Charakter; eben da hinter der Stimme keine geformte Psychologie steht, ist sie auf alle Psychologien, Charaktere, Altersstufen und Geschlechter anwendbar. Mit *Trutz Simplex* befreit Grimmelshausen den Schelmenroman von der letzten religiösen Schwere, die ihm noch anhaftet, eine Wendung zum Glauben gibt es hier nicht einmal mehr als Parodie. Die Geschichte der unzerstörbaren Marketenderin ist nicht sein wichtigstes Werk. Aber sie ist sein witzigstes und schönstes.

Die Zeitgenossen kennen ihn nicht. Seine Bücher erscheinen unter immer neuen Pseudonymen – einige davon so skurril, als hätte er eine Komödie der erfundenen Schreiber im Sinn gehabt. Die Kollegen korrespondieren nicht mit ihm, er sucht keine geselligen Dichtertreffen auf, weder in Telgte noch anderswo; er ist nicht der frühe Ahnherr der Gruppe 47, zu dem Günter Grass' Novelle ihn später ernennen wird, im Gegenteil: Wenn er für etwas steht, dann für die Abwesenheit wahren Austauschs im geistig und physisch zerstörten Deutschland. So errichtet er sich aus Pseudonymen und wiederkehrenden Romanfiguren seine eigene Akademie und seine private menschliche Komödie. In seinem nächsten Buch geht es um Simplicius' alten Weggefährten Springinsfeld, der wiederum als Marketender lange Zeit mit der Courasche zusammengelebt hat. *Der seltzame Springinsfeld* hat nicht mehr den Wahnwitz und die Vitalität der beiden vorangegangenen Romane, aber er spricht mit deren Stimme.

Grimmelshausen durchläuft inzwischen eine unspektakuläre Bürokratenkarriere. Er wird Schultheiß in Renchen, vermutlich führt er auch dort eine Gastwirtschaft, und in dieser Funktion wendet er sich mit aller Kraft gegen die Zwangsaushebung von Bauernsöhnen, die schon wieder in neue militärische Abenteuer geschickt werden sollen. Er schreibt Protestbriefe an den Bischof, natürlich helfen sie nichts. Bald darauf werden kurpfälzische Truppen einquartiert, im Jahr darauf wird Renchen geplündert: Feuer, Blut, Vergewaltigungen, er hat das alles so oft beschrieben, aber es geschieht trotzdem wieder. Reichstruppen marschieren ein, eine französische Invasion steht bevor. In dieser Situation geschieht etwas, das einem das Herz zusammenzieht. Der Schöpfer des *Simplicissimus Teutsch* meldet sich zum Kriegsdienst.

Kurz darauf ist er tot. Was geschehen ist, weiß man nicht. Das Kirchenbuch von Renchen verrät nur, dass seine «hier- und dorthin zerstreuten» Kinder anreisen, um ihn ins Grab zu legen. Die Stimme ist verstummt. Und da die simplicianischen Romane, wie sie jetzt schon genannt werden, allesamt unter Pseudonymen erschienen sind, bleibt der Name Grimmelshausen erst einmal zweihundert Jahre vergessen. Sein Buch wird gelesen, ohne dass man nach dessen Autor fragt. Es scheint sich selbst hervorgebracht zu haben.

Immer wieder drücken Figuren darin die Überzeugung aus, dass sie am Ende aller Tage leben. Alle Menschen bei ihm meinen mit gutem Grund, dass die Apokalypse bevorsteht. *Der abentheuerliche Simplicissimus Teutsch* ist ein Buch der Schatten, eine Erzählung vom Überleben in einer zerfallenden Welt. Wieso nur ist es dabei so witzig und hell? Mit dem *Simplicissimus,* nicht weniger als mit dem *Don Quixote,* kommt der europäische Roman zu sich. Mit ihm auch findet ein einsamer Mann zu einer universalen

Waffe gegen die Schrecken des Daseins. Immer noch kann man sie mit Staunen und Glück lesen, diese große Geschichte vom Untergang, durchweht von der Frische des Aufbruchs.

UNVOLLSTÄNDIGKEIT

Jeder Krieg hat neben den offensichtlichen noch seine geheimen Ursachen. In Leo Perutz' 1953 erschienenem Roman *Nachts unter der steinernen Brücke* erzählt der böhmische Adelige Peter Zaruba im Jahr 1598 einem Verwandten von einer sehr alten Prophezeiung: Niemals dürfe ein Zaruba vom Tisch des Kaisers essen, sonst sei sowohl die Familie als auch die Sache der böhmischen Freiheit verloren. Die beiden trennen sich, hungrig geht Zaruba in eine Wirtschaft und bestellt: Das Essen ist köstlich und enorm billig, Gang um Gang wird aufgetragen, dann aber stellt sich heraus, dass alles direkt von der Küche der Prager Burg in die Stadt gebracht wurde: Der kaiserliche Koch verkauft die nicht verzehrten Gerichte an die Wirte der Umgebung. Zaruba hat vom Tisch des Kaisers gegessen. Er ist verloren, sein Land ist es auch. Ihm hätte auffallen müssen, dass bei so niedrigen Preisen etwas nicht in Ordnung sein kann.

Eine eher simple Idee, so scheint es, aber die Pointe verbirgt sich anderswo in diesem aus Erzählungen zusammengesetzten Roman. Gegen Ende, in der Geschichte *Die Getreuen des Kaisers,* treffen sich drei Jahre nach Kriegsausbruch und ein Jahr nach der verlorenen Schlacht am Weißen Berg ehemalige Bedienstete des verstorbenen Kaisers und lassen die alten Zeiten aufleben. In ihren Berichten verändern sich die historischen Fakten, alles wird schöner, harmonischer, legendenhafter, als es sich zugetragen hat. Der Gerichtsdiener Johann Kokrda erzählt von der öffentlichen Hinrichtung böhmischer Adeliger durch die kaiserlichen

Truppen: Von Graf Schlick erzählt er, von Dionys von Czernin auf Chudenitz und dessen Bruder Hermann, und dann, man überliest es leicht: «Der Kokrda berichtete, daß einer der Verurteilten, der Herr Zaruba auf Zdar, sich geweigert habe, um sein Leben, das ihm geschenkt werden sollte, zu bitten, und daß er dann gleich den anderen den Tod durch Henkershand erlitten habe.»

Nur wer aufmerksam liest, stellt den Zusammenhang her und begreift, dass Zaruba sterben muss, weil er vor dreiundzwanzig Jahren in der falschen Gastwirtschaft gegessen hat. Zwischen den beiden Geschichten liegt sein ganzes Leben, von dem wir nichts wissen – außer eben dass er einer alten Prophezeiung zufolge daran schuld ist, dass Böhmens Freiheit verlorenging. Ob die Prophezeiung Sinn hatte oder nicht, ist nicht so wichtig, man kann ohnehin nicht feststellen, was geschehen wäre, wenn Zaruba nicht von des Kaisers Tisch gegessen hätte; aber der Umstand, dass Zaruba auf Begnadigung verzichtet, lässt vermuten, dass er selbst daran glaubt und nun die Strafe annehmen will.

Weil die Hexen voraussagen, dass er König sein wird, erfasst Macbeth die Begierde, König zu sein, und er mordet und wird König, wie die Hexen es vorausgesagt haben. Weil der Vater von Simplicius' Freund Hertzbruder einem jähzornigen Offizier ankündigt, dass er als gemeiner Mörder aufgeknüpft werden wird, tötet ihn dieser und wird als gemeiner Mörder aufgeknüpft. In beiden Fällen ist die Prognose Teil der Kausalkette, deren Ergebnis sie nennt – in beiden Fällen kommt dieses nur zustande, weil der Wahrsager es angekündigt hat. Zwischen Zarubas Mittagessen und der Schlacht am Weißen Berg besteht dagegen keinerlei erkennbare Verbindung; eine Voraussage, die sich nicht selbst erfüllt, ist also reiner Aberglauben, denn die Zukunft ist offen, und alles kann geschehen. Oder?

Nehmen wir an, vor mir steht ein Glas mit Gift. Ich könnte es austrinken und sterben. Ich könnte das Glas auch unberührt lassen und leben. Es liegt bei mir. Sagt nun jemand den Satz: «Er wird an diesem Gift sterben», so ist dieser entweder richtig, oder er ist falsch. Keiner weiß, was von beidem zutrifft. Keiner kann es jetzt schon wissen. Und dennoch ist nicht zu leugnen, dass eines von beidem geschehen wird, und allein deshalb hat der Satz schon in dem Moment, da er gesagt wird, einen Wahrheitswert: Auch jetzt schon ist es entweder richtig, dass ich an dem Gift in diesem Glas sterben werde, oder es ist falsch.

Nehmen wir an, der Satz ist richtig. In diesem Fall werde ich an diesem Gift sterben, und zwar *egal, ob ich das Glas austrinke oder nicht.* Irgendwie wird das Gift wirken. Ich werde daran sterben, wenn der Satz, dass ich daran sterben werde, ein wahrer Satz ist. Das ist eine Tautologie, es ist nicht zu bezweifeln.

Und wenn der Satz falsch ist? Dann werde ich nicht an dem Gift sterben. Das versteht sich von selbst: Wenn der Satz, dass ich an dem Gift sterben werde, falsch ist, so sterbe ich nicht an dem Gift. Wenn der Satz falsch ist, sterbe ich nicht an dem Gift, *was auch immer passiert.* Also auch dann nicht, wenn ich das Glas austrinke. Auf irgendeine Art würde die Wirkung gehemmt. Das Gift würde mir nichts tun. Ich würde überleben.

Der Satz, dass ich an dem Gift im Glas sterben werde, ist entweder wahr oder falsch. Ist er wahr, sterbe ich, auch wenn ich nicht trinke. Ist er falsch, sterbe ich nicht, auch wenn ich trinke. Die schlüssige Folgerung: Es ist egal, was ich tue. Hier steht das Glas. Ich kann es austrinken, ohne zu zögern. Das sagt mir die Logik.

Aber das kann doch nicht sein. Ich kann doch nicht einfach Gift trinken! Wo ist der Fehler?

Dieses Gedankenexperiment heißt «Sophisma der faulen Vernunft», *le sophisme de la raison paresseuse,* und stammt von Gottfried Wilhelm Leibniz. Er hält die Folgerung, dass es allein aufgrund des Umstandes, dass Sätze über die Zukunft schon jetzt einen Wahrheitswert haben, gleichgültig ist, was man tut, nicht für richtig, aber er bietet auch keine schlüssige Widerlegung, sondern lässt den Leser seiner *Theodizee* verwirrt damit allein. Denn es kann ja nicht stimmen. Ich weiß, wenn ich trinke, sterbe ich, und wenn ich nicht trinke, kann mir das Gift nichts tun. Das Sophisma ist überzeugend, aber zugleich überzeugt es nicht für eine einzige Sekunde.

Wir sollten unserer Intuition nicht zu sehr trauen. Die Logik ist keine simple Sache. Ihre Deduktionen können zu Ergebnissen führen, die unseren Vermutungen so radikal widersprechen, dass einem schwindlig wird. Die Logik hat Fallen und Untiefen, ihre Hintertüren führen zu anderen Hintertüren, und wer sich zu tief in ihr Labyrinth verirrt, findet, wenn er Pech hat, nie mehr heraus.

Auch Leo Perutz' 1920 erschienener Roman *Der Marques de Bolibar* handelt von der Erfüllung einer Prophezeiung. Ein deutsches Regiment, das als Teil des Rheinbunds Napoleons Spanienfeldzug unterstützt, besetzt eine spanische Kleinstadt. Der Erzähler ist der Offizier Jochberg, zur Zeit der Ereignisse kaum achtzehn Jahre alt. In seinen viel später geschriebenen Memoiren berichtet er davon, wie er damals in Spanien einen gefürchteten Insurgenten, den Marques de Bolibar, verhaftet und als Dieb vor ein Erschießungskommando gestellt hat. Der Marques ist ein Meister der Verkleidung, der am Tag zuvor mit den Aufständischen vereinbart hat, dass er sich in die Stadt schleichen, deren Verteidigung durch geschickte Sabotage schwächen und den Belagerern drei Zeichen geben wird: Beim ersten sollen sie die Brücken sprengen, beim zweiten das Bombardement beginnen und beim dritten angreifen. Nun aber wird der Marques hingerichtet, nichts davon wird er unternehmen können.

> «Ist denn niemand da, der mich hört? Ist denn kein spanischer Christ da, der mich hört?»
>
> «Was du zu tun hast, wollen wir für dich tun!» sagte Eglofstein, um der Sache ein Ende zu machen, und schlug ungeduldig mit der Reitpeitsche an seine Stiefelschäfte. «Nun sag, was es für Arbeit gibt, und fort mit dir!»
>
> [...]
>
> «Sie sind Christen, Señores», sagte er. «Schwören Sie mir bei der Mutter und dem Sohne, daß Sie halten werden, was Sie mir versprechen.»
>
> «Zum Teufel mit deinen Zeremonien!» rief Günther. «Wir sind Offiziere. Was wir versprochen haben, das werden wir halten, und damit genug!»
>
> «Was du zu tun hast, das wollen wir an deiner Stelle tun!» wiederholte Eglofstein. «Hast du einen Esel zu verkaufen? Hast du Geld einzutreiben? Was gibt's für Arbeit?»
>
> [...]
>
> «Gott wird's euch zeigen!» sagte der Spanier.

Dann stirbt er. Und die Offiziere tun Schritt für Schritt all das, was der Marques nun nicht mehr selbst tun kann. Gefangen in einem Eifersuchtsdrama um die Geliebte ihres Obersten, schicken sie selbst die drei vereinbarten Signale an die Insurgenten aus. Das erste gibt ein Offizier, der durch den Rebellenangriff um den lästigen Außendienst herumkommen will, das zweite geben sie gemeinsam im Taumel der Eifersucht, um die Liebesnacht des Obersten mit der von ihnen begehrten Frau zu stören, das dritte gibt unabsichtlich Jochberg selbst, als er die Geliebte des Obersten aus der Stadt bringt und nicht bemerkt, dass sie sich mit jenem Messer das Leben nimmt, dessen Übergabe an die Rebellen das Zeichen zum Angriff sein soll. Perutz ist ein atemberaubender Mechaniker des Plots: Jochberg und seine Kollegen kennen die Zeichen, sie sind entschlossen, sie nicht zu geben, aber dann erfüllen sie doch, ohne es zu wollen, ihr Versprechen an den Marques, und so unwahrscheinlich das in der Zusammenfassung klingt, beim Lesen ist es plausibel. Die Handlung ist in ihren fein ineinandergreifenden Details so raffiniert konstruiert, dass es nie eine unwahrscheinliche Wendung gibt, nie einen zu großen Sprung vom Grund zur Folge. Unwahrscheinlich, ja mit Absicht widersinnig ist bloß die phantastische Grundannahme, dass das dem Marques gegebene Versprechen erfüllt werden muss, auch wenn niemand das will. Aber man kann auch an Gift sterben, das man nicht getrunken hat, und man kann exakt das tun, was man am wenigsten tun will, wenn nur die Umstände es erzwingen.

Wie bei den anderen Schriftstellern der Wiener Moderne ist bei Leo Perutz das Erzählen nichts Selbstverständliches mehr. Er experimentiert aber nicht mit Syntax und Form, sondern mit dem Element Handlung; das meint wohl auch Alfred Polgar mit dem etwas rätselhaften Satz, der Inhalt von Perutz' Büchern bestehe sozusagen aus lauter Inhalt. Perutz' Romane sind oft für ihre Spannung gelobt worden, aber wichtiger ist, dass sie davon handeln, was Spannung, also unsichere Antizipation der Zukunft, eigentlich ist: Sie stellen radikal die Frage, wie sich die Kausalität des Menschenlebens und die Kausalität des Erzählens zueinander verhalten.

Der schönste Augenblick in *Der Marques de Bolibar* kommt im letzten Kapitel, wenn Perutz die logische Stringenz, die er bis dahin so kunstvoll erhalten hat, souverän fallen lässt. Das Buch nimmt eine verblüffende Wendung ins Irreale: Jochberg wird als unwissentlicher Überbringer des letzten Zeichens von den Aufständischen für den Marques gehalten und als einziger deutscher Soldat am Leben gelassen. Auf den Straßen grüßen die Menschen ihn ehrerbietig als Vernichter ihrer Besatzer. Und plötzlich ist er sich seines Ichs nicht mehr sicher. Etwas in ihm freut sich sogar über den Tod seiner Kameraden. Und das, was gerade noch Lüge war, wird zur Wahrheit.

> Nicht ich, der tote Marques de Bolibar ging durch die Gassen seiner Stadt. Ich sah in der Ferne die Weinberge und die Felder – mein Land, meine Erde! – klang es jubelnd in mir – mir wachsen die Reben, mir grünen die Wiesen, mein ist alles, was dieser Himmel umspannt, und ich ging, Trunkenheit im Herzen, zutiefst verwandelt, träumend, für eine Stunde Erbe dieses Landes – so ging ich langsam zur Stadt hinaus.

Am 14. Mai 1922 schreibt Sigmund Freud an Arthur Schnitzler:

> Ich meine, ich habe Sie gemieden aus einer Art von Doppelgängerscheu. Nicht etwa, daß ich sonst leicht geneigt wäre, mich mit einem anderen zu identifizieren oder daß ich mich über die Differenz der Begabung hinwegsetzen wollte, die mich von Ihnen trennt, sondern ich habe immer wieder, wenn ich mich in Ihre schönen Schöpfungen vertiefe, hinter deren poetischem Schein

> die nämlichen Voraussetzungen, Interessen und Ergebnisse zu finden geglaubt, die mir als die eigenen bekannt waren.

Es gibt diese Konstellation immer wieder: ein Schriftsteller und ein Forscher, die im gleichen Moment und am gleichen Ort mit den «nämlichen Voraussetzungen, Interessen und Ergebnissen» arbeiten. Der künftige Schriftsteller Leo Perutz wird 1882 in Prag geboren, der künftige Logiker Kurt Gödel vierundzwanzig Jahre später in Brünn. Beide studieren in Wien Mathematik, Perutz mit so gutem Erfolg, dass er eine Anstellung als Versicherungsmathematiker und die bis heute verwendete «Perutzsche Ausgleichsformel» findet, Gödel mit dem ganz und gar außergewöhnlichen Erfolg, dass er schon als Student Mitglied des Wiener Kreises um die Philosophen Carnap, Neurath und Schlick wird. Noch vor dem Ersten Weltkrieg erscheint Perutz' historischer Roman *Die dritte Kugel,* ein wildes Spiel mit der narrativen Stringenz: In der Rahmenhandlung lernen wir einen Erzähler kennen, der unter Amnesie leidet und die Erinnerung an seine Vergangenheit verloren hat: Im Heerlager des Hernán Cortés hört er dem Bericht eines Soldaten über den deutschen Abenteurer Grumbach zu, der wahrscheinlich er selbst gewesen ist; dieser Bericht macht den Hauptteil des Romans aus. Gegen Ende wird Grumbach verflucht: Eine Kugel, so prophezeit ihm ein Magier, werde ihn treffen und vernichten. Die Grumbach-Handlung aber bricht mitten im Satz ab, als der sprechende Soldat erschossen wird. Der ihm in der Rahmenhandlung zuhörende Ich-Erzähler wird somit nie erfahren, ob gerade sein Leben erzählt wurde oder das eines anderen: Entweder war alles Zufall, oder aber die dritte Kugel hat tatsächlich ihn selbst getroffen, als sie den Soldaten traf, sie hat die Möglichkeit vernichtet, sich an sein vergangenes Leben zu erinnern und wieder zu werden, der er war. Es gibt viele Möglichkeiten, ein Ich zu vernichten; man kann Menschen auch erschießen, ohne dass die Kugel sie trifft.

Gödels erste Veröffentlichung erscheint 1931 und ist die wichtigste Schrift in der Geschichte der modernen Logik: *Über formal unentscheidbare Sätze der Principia Mathematica und verwandter Systeme.* Bis zu diesem Beweis war man der Meinung, die Logik als Ganzes wäre eine Tautologie, also ein Spiel, dessen Regeln man zunächst willkürlich definiert, um dann alle nur möglichen Ableitungen aus ihnen zu ziehen. Man hat gemeint, die Logik wäre abschließbar; grundsätzlich könne man durch Forschung und Denken an einen Punkt kommen, an dem alle sinnvollen Fragen gelöst seien. Das große Projekt der Logiker zu diesem Zeitpunkt ist die vollständige Axiomatisierung der Mathematik. Man möchte sie auf ein paar Grundregeln bringen, aus denen dann wiederum sogar eine Maschine Schritt für Schritt die Lösung aller mathematischen Fragen ableiten kann.

Doch wie wüsste man, dass alle Probleme gelöst sind? Wie weiß das System es selbst? Denn da es um *alle* Probleme geht, gibt es keinen Blick von außen. Wie würde also, so fragt unter anderem David Hilbert, der einflussreichste Mathematiker der Jahrhundertwende, ein Vollständigkeitsbeweis für die Mathematik aussehen? Nicht nur müsste jeder wahre Satz bewiesen sein, sondern es müsste auch bewiesen sein, dass jeder wahre Satz bewiesen ist. Hier knüpft Gödel an. Könnte man einen einzigen Satz aufstellen, der beweisbar wahr, aber auch beweisbar nicht beweisbar ist, wäre das Projekt gescheitert.

Und so schwer ist das gar nicht. Wie wäre es zum Beispiel mit: «Dieser Satz ist nicht beweisbar»? Wenn der Satz beweisbar ist, ist er ja wahr, aber wenn er wahr ist, kann er nicht beweisbar sein, denn er sagt ja, dass er nicht beweisbar ist, und das wäre ein Widerspruch. Also ist er nicht beweisbar. Aber dann ist er wahr. Also gibt es Sätze, die wahr sind, aber nicht beweisbar. *Quot erat demonstrandum.*

In Wirklichkeit ist es natürlich ein wenig komplizierter. Um zu zeigen, dass die Menge der arithmetischen Beweise nicht abschließbar ist, muss Gödel einen Satz, der ebendies behauptet, gewissermaßen in Arithmetik übersetzen, dann spricht die Mathematik in Zahlen über sich selbst. Bis heute heißt eine solche Übertragung von der natürlichen Sprache in die der Zahlen «Gödelisierung». Nachdem Gödel seinen Beweis veröffentlicht hat, ist das Hilbert'sche Vorhaben der Axiomatisierung der Mathematik endgültig gescheitert, denn in der Mathematik ist es nicht wie im Feuilleton: Hier geht es nicht um Meinungen und Gegenmeinungen; wenn ein Beweis auf dem Tisch liegt, ist die Debatte beendet. Man weiß nun, Logik ist kein Spiel nach frei wählbaren Regeln, jedes System kann wahre, aber nicht beweisbare Sätze enthalten, die Logik ist offen für Intuition, in ihr können immer neue Sätze gefunden werden. Was die Quantenphysik für unsere Wahrnehmung der physischen Welt unternimmt – sie zeigt, dass die Realität nicht abgeschlossen ist, sondern im Kleinsten offen, sie verschwindet gewissermaßen unter dem schärfsten Mikroskop in die Vagheit –, leistet Gödels Beweis für die logischen Sätze: Sie öffnen einen Irrgarten, in dem es allezeit dunkle Bereiche geben wird. Aus Gödels Beweis lässt sich nebenbei auch folgern, dass man nie ein sicheres Virenprogramm haben wird und dass keine Datenverschlüsselung möglich ist, die nicht grundsätzlich von irgendjemandem überlistet werden könnte. Und es lässt sich daraus folgern, dass ein Verrückter, egal, wie klug er ist, nie fähig sein kann, Gewissheit darüber zu erlangen, ob er noch rational denkt. Wer verrückt ist, kann nicht wissen, dass er verrückt ist. Und wäre er der intelligenteste aller Menschen.

Gödel und Perutz könnten einander ohne weiteres begegnet sein. In einem Roman von Leo Perutz wären sie das allerdings nicht, dort hätten sie bloß Dutzende Male dieselben Cafés besucht, hätten an Nebentischen über die gleichen Dinge gesprochen, hätten dieselben Freunde gehabt und doch nie voneinander gehört, es wäre also gar keine «Doppelgängerscheu» nötig gewesen.

Gödel ist noch ein Kind, als Leo Perutz seinen zweiten Roman *Zwischen neun und neun* schreibt. Je nach Lesart handelt dieser entweder vom letzten Tag oder den letzten Sekunden eines Studenten, der wegen einer Lappalie von der Polizei verhaftet wird: Bevor Stanislaus Dembas Personalien aufgenommen werden können, gelingt es ihm, in Handschellen aus dem Fenster zu springen und zu entkommen. Zwölf Stunden irrt er durch Wien, die gefesselten Hände unter dem Mantel verborgen, und versucht vergeblich, seine Ketten loszuwerden. Alle Begegnungen mit ihm werden aus der Sicht anderer geschildert; die Leute wundern sich über den täppischen jungen Mann, der sich in die seltsamsten sozialen Unsinnigkeiten manövriert, weil er seine Hände immer unter dem Mantel versteckt. Perutz zeigt, dass seine Phantasie nicht nur metaphysischer Art ist, das Buch ist sehr witzig, besonders in den kleinen Details sozialer Verwirrung. Mehrmals kommt Demba der Befreiung nahe, ohne es selbst zu merken, immer wieder verspielt er seine Chancen und verstrickt sich tiefer in Peinlichkeiten und Nöte. Am Ende nehmen Polizisten seine Spur auf, er springt ein zweites Mal aus dem Fenster – und stirbt. Im Moment seines Todes aber zeigt sich, dass es nicht neun Uhr abends ist, sondern immer noch neun Uhr morgens.

> Seine Glieder waren zerschmettert, und aus einer Wunde am Hinterkopf floß Blut. Nur seine Augen wanderten. Seine Augen lebten. Seine Augen irrten ruhelos durch die Straßen der Stadt, schweiften über Gärten und Plätze, tauchten unter in der brausenden Wirrnis des Daseins, stürmten Treppen hinauf und hinunter, glitten durch Zimmer und durch Spelunken, klammerten sich noch einmal an das rastlose Leben des ewig bewegten Tages, spielten, bettelten, rauften um Geld und um Liebe, kosteten zum letztenmal von Glück und Schmerz, von Jubel und Enttäuschung, wurden sehr müde und fielen zu.

Es ist also nie geschehen. Der Tag war eine Phantasie seiner Todessekunden. So klar scheint die Auflösung, über die sich schon der Rezensent Alfred Kerr nach Erscheinen des Romans beklagte: «In so erwogener Reihenfolge fiebert sichs kaum.»

Tatsächlich wirkt die Schlusswendung allzu einfach: Was für ein eigentümlicher Traum ist das denn, in dem es dem Träumenden niemals gelingt, seine Hände zu verwenden, einen ganzen Tag lang? Und wichtiger noch: Sollte einem Schriftsteller von solcher Intelligenz tatsächlich der Widerspruch nicht aufgefallen sein, der darin liegt, Demba konsequent aus der Sicht anderer Menschen zu schildern? Ja, es gibt sogar Szenen, in denen Demba gar nicht anwesend ist. Hat Demba all die Gedanken und Gefühle all der anderen Leute einfach mitgeträumt? Oder hat Perutz, ganz nach Art trivialerer Schriftsteller, die Sache einfach nicht durchdacht?

Man muss Leo Perutz nur ernst nehmen, dann kommt man der Lösung näher. Die einzige wirklich liebenswürdige Person des Buches – alle anderen scheinen egoman, unfrei, eitel und gebunden wie Demba selbst – ist die junge Steffi, ein Mädchen mit einem durch eine Brandwunde entstellten Gesicht, die in Demba verliebt ist, was diesen jedoch nicht weiter interessiert. Steffi versucht als Einzige, ihm zu helfen, sie ist es, die am Schluss eine Kopie des Handschellenschlüssels besorgt, die allerdings nicht sperrt, und sie ist bei ihm, als die Polizisten draußen die Treppe emporstürmen. Es gibt kein Entkommen, sie wird bei Demba gefunden werden, was zum einen ihren Ruf als ehrenhafte junge Frau vernichten wird – und außerdem, schlimmer noch, man wird sie als Fluchthelferin anklagen.

> Steffi sprang auf und schlang ihre Arme um Dembas Hals.
>
> «Sie sollen nicht herein! Wenn sie mich hier finden, Stanie, wenn sie mich hier finden!»
>
> Es läutete nochmals. Die Tür der Wohnung wurde geöffnet. Männerschritte, zwei harte Schläge an die Zimmertür. «Im Namen des Gesetzes, öffnen Sie!»
>
> «Wenn sie mich hier finden», klagte Steffi.
>
> [...]
>
> «Heute morgen», sagte Demba, «als ich in der Dachkammer am Fenster stand, hab' ich an dich gedacht, Steffi. Hab' an dich gedacht, mir war bang nach dir, wollte dich noch einmal sehen. Ich hab' mir gewünscht, daß du bei mir sein sollst, wenn ich sterbe. Und nun bist du da und ich bin nicht froh, hab' dich mit in mein Unglück gerissen. Jetzt wollte ich, du wärest weit fort von hier.»
>
> Der Druck der Arme ließ nach. Steffis Bild sank, als hätte sie auf dieses Wort gewartet, in sich zusammen, wurde zur Nebelwolke, löste sich und verflog in nichts.

Die konventionelle Lesart wäre: Steffi verschwindet, da sie nie da war, es war alles ein Traum. Aber dann hätte Perutz den Roman aus Dembas Perspektive erzählen müssen. Dass er das konsequent nicht getan hat, lässt vermuten, dass Demba in der Gegenwart des Romans *nicht* geträumt hat, *noch nicht* jedenfalls. Es ist alles so geschehen, wie es erzählt wurde. Demba hat den Fenstersprung am Morgen überlebt, die anderen Menschen haben existiert, es gab eine objektive Wirklichkeit außerhalb von Dembas Imagination.

Und diese Wirklichkeit verschwindet erst jetzt, «als hätte sie auf dieses Wort gewartet», da Demba den ersten wirklich altruistischen Wunsch seines Lebens fasst. Eine Schicksalsmacht, die nicht genannt wird und sich nicht erklärt, greift ein und lässt alles, was Wirklichkeit war, nachträglich zum Traum werden, es war einmal, aber nun ist es nie gewesen. Man merkt es nicht an einem Hinweis des Autors, und auch der Hauptfigur wird es nicht geoffenbart, man merkt es nur daran, wie Perutz die Erzählperspektive handhabt. Dabei nimmt er in Kauf, dass Kritiker ihn der Schludrigkeit beschuldigen – denn Perutz selbst klärt es nicht auf, er äußert sich nie über seine Romane, er stellt nichts richtig, ja, er ist nicht einmal bereit, einem Magazin auf Wunsch ein Porträtfoto zur Verfügung zu stellen, da sein Gesicht, wie er findet, die Leser nichts angeht.

Zwischen neun und neun ist ein farbig realistisches Sittengemälde des bürgerlichen Wien der Zwischenkriegszeit, es ist aber auch ein Roman, dessen metaphysische Dimension man selbst enträtseln muss – in dieser Hinsicht durchaus verwandt den Erzählgebilden Vladimir Nabokovs. Für den, der dem Autor vertraut, ist es die Geschichte eines großen Wunders im Leben eines kleinen Menschen. Für den, der das nicht tut, ist es immerhin noch ein spannender Roman um einen Einfall, der originell genug war, um sowohl Eric Ambler für ein Theaterstück als auch Alfred Hitchcock für eine Szene seines Films *Der Mieter* als Anregung zu dienen – und das ist keine Unterstellung, beide geben den Handschellen-Diebstahl später offen zu.

So geht alles logisch auf – und dann doch wieder nicht. Kein System, so lernen wir von Gödel, kann wissen, ob es konsistent ist; immer sind Widersprüche möglich, nie kann man sich in seinem Verstehen sicher fühlen. Dem entspricht Perutz' Prinzip, seine Geschichten einerseits perfekt zu konstruieren und dann doch wieder eine Wendung einzufügen, die nicht ins System passt; «eine überlogische Kausalität», nennt es Alfred Polgar, «deren Kette letztes Stück durch Gottes Finger läuft.»

Denn als Demba um neun Uhr morgens zum ersten Mal aus dem Fenster springt, wird er sich, so berichtet er Steffi später, über seine vielen kleinen Versäumnisse klar:

> Pläne schossen mir in diesem Augenblick durch den Kopf, die ich jahrelang mit mir herumgeschleppt und niemals ausgeführt hab'. Zwecklose und unwichtige Dinge: daß ich noch niemals ein Glas Bier durch einen Strohhalm ausgetrunken hab', fiel mir wie eine brennende Sünde ein; es heißt, daß man davon betrunken wird, und ich hab es noch niemals ausprobiert. Dann, was ich schon lange vorgehabt habe, irgendeinem fremden Menschen auf Schritt und Tritt nachzugehen, um zu sehen, was er treibt, wie er sein Brot verdient und wie sein Tag verläuft. Daß ich mich hätte heute auf eine Bank im Stadtpark setzen und auf Abenteuer warten und irgendein Mädchen mit einer tollen, erfundenen Geschichte erschrecken können, daß ich schon immer einmal den Bauernfängern beim Bukispielen hatte

> zuschauen wollen, – all das schoß mir durch den Kopf, alles das hätte ich noch gestern tun können, unwichtige Dinge, gewiß, lächerliche Dinge, aber es war die Freiheit.

All diese Dinge aber hat Demba an dem Tag, von dem der Roman handelt, getan. Es wäre daher naheliegend, sie als Wunscherfüllung im Traum zu deuten, aber dem widerspricht Perutz' Handhabung der Perspektive: Immer sehen wir Demba von außen, immer aus der Sicht der anderen. Und außerdem schiene es kaum nachvollziehbar, wenn Demba sich die periphersten Sehnsüchte, wie das Biertrinken durch einen Strohhalm, erfüllen könnte, es aber im Traum nicht schaffen würde, zu Geld zu kommen und seine Handschellen loszuwerden – sollte hier Selbstzensur walten, wäre es eine der absonderlichsten Art. Es scheint, als hätte Perutz bewusst eine zweite Lesart, die eben nicht aufgeht, in die Substanz des Romans eingearbeitet: Selbstwiderspruch, so zeigt Gödel, ist jederzeit möglich, wir haben nicht den Überblick übers große Ganze, das System weiß nie, ob es konsistent ist. Ein komplexer Erzählmechanismus wird konstruiert, damit zu guter Letzt glaubhaft ist, dass ein Mann für den Marques de Bolibar gehalten wird – aber plötzlich, wider alle Vernunft, *ist* er der Marques, und anstatt dass wir das Buch empört schließen, macht uns gerade diese Wendung glücklich.

Wo Ambler und Hitchcock Dank abstatten, will ich nicht zurückstehen. Meine Novelle *Der fernste Ort* ist eine Geschichte, die sich in den letzten Lebenssekunden eines Sterbenden abspielt wie *Zwischen neun und neun.* Mein Roman *Ruhm* hat einen Handlungsbogen, der sich im Kaleidoskop abgeschlossener Erzählungen zusammensetzt wie *Nachts unter der steinernen Brücke* – auch deswegen hat ein Schriftsteller darin den Vornamen Leo. Alle Bücher Leo Perutz' standen in der Bibliothek meiner Eltern, die meisten davon Erbstücke von meinem Großvater, der Perutz noch persönlich gekannt hatte. Leo Perutz ist neben Thomas Mann der deutschsprachige Schriftsteller, der mich am stärksten geprägt hat: seine metaphysische Intelligenz und sein irrealer Realismus passen allerdings besser in den Kontinent von Borges, García Márquez und Cortázar als in die deutsche Gegenwartsliteratur. Als ich anfing, Perutz zu lesen, waren die meisten seiner Bücher vergriffen, und auch das hat eine gewisse Logik. Perutz ist nicht einfach zu verstehen. Wenn man ihn oberflächlich liest, kann es passieren, dass man die Maske für das Wesen nimmt: Dann wirkt er wie ein melodramatischer Spannungsautor, wie ein Thrillerschreiber aus einer vergangenen Ära. Die Zeit löscht keineswegs alle Missverständnisse aus, ganz im Gegenteil. Aber Perutz' Bücher sind heute alle wieder erhältlich, und sein Name ist nicht mehr unbekannt. So eine Entwicklung geschieht seltener als ein Lottogewinn, kein toter Autor sollte auf sie hoffen. Aber Statistiker wissen es: Manchmal muss auch das Unwahrscheinliche passieren.

Ein Haus mit Blitzableiter steht in einer gewittrigen Gegend. Durchschnittlich einmal im Monat schlägt der Blitz ein. Gerade vorhin ist es wieder passiert. Es ist Dienstag. Welcher Tag ist der wahrscheinlichste für den nächsten Einschlag?

Fast niemand gibt darauf die richtige Antwort. Es ist nahezu unmöglich. Es widerspricht unserer Intuition zu sehr. Viele sagen: In einem Monat. Andere sagen: Jeder Tag ist gleich wahrscheinlich. Die richtige Antwort lautet aber: morgen, Mittwoch.

Warum das? Nun, der Blitz schlägt einmal im Monat ein, die Wahrscheinlichkeit für morgen, Mittwoch, ist also bei einem Monat mit dreißig Tagen 0,03. Die Wahrscheinlichkeit für übermorgen setzt sich dann zusammen aus der Wahrscheinlichkeit, dass der Blitz morgen *nicht* einschlägt (0,97, oder 1 – 0,03), *und dazu* der Wahrscheinlichkeit, dass er übermorgen einschlägt, also 0,03 mal 0,97, das ergibt 0,0291, was um ein weniges kleiner, also unwahrscheinlicher ist als der morgige Einschlag von 0,03. Und der nächste Einschlag überübermorgen? Natürlich 0,97 mal 0,97 mal 0,03, also 0,0282. Mit jedem weiteren Tag *sinkt* die Wahrscheinlichkeit. Das entspricht nicht unserer Vermutung, es widerstrebt unserem Weltbild, es stört uns, es gefällt uns nicht, aber es ist wahr, und es ist auch empirisch überprüfbar. Siméon-Denis Poisson entdeckte das Gesetz schon im 19. Jahrhundert: Bei jedem regelmäßig wiederholten zufälligen Ereignis bilden sich allein durch die Kraft der Wahrscheinlichkeit Ballungen, Knoten, Häufungen. Was regelmäßig verteilt ist, ist nicht zufällig verteilt. Wo Zufall waltet, waltet keine Regelmäßigkeit. Und ja, das gilt auch für Würfelspiele. Wurde dreimal die Fünf geworfen, ist es um ein weniges wahrscheinlicher, dass beim vierten Mal auch die Fünf geworfen wird. Das widerspricht allem, was man uns in der Schule beigebracht hat. Aber es ist trotzdem wahr.

Handlung ist zweckbestimmte Kausalität. Ein Ereignis folgt aus dem anderen, zugleich aber wirkt auf die Ereignisse noch eine Kraft von außen: der Wille des Erzählers. Wie chaotisch und wirr eine Erzählung auch sein mag, es ändert nichts an der Tatsache, dass jemand sie *erzählt,* also formt und arrangiert.

Ob unser Leben eine Geschichte ist, ist nicht ausgemacht. Vermutlich ist es das reine Chaos und läuft ab, ohne dass darin ein anderes Gesetz wirkt als jenes von Ursache und Wirkung. Eine in unserem Dasein zum Vorschein kommende Folgerichtigkeit ästhetischer oder moralischer Natur nennen wir Schicksal. Der Gedanke, dass wir kein Schicksal haben, ist auch für metaphysische Agnostiker schwer auszuhalten: Deswegen haben alle Geschichten, selbst die schrecklichsten, etwas Ermutigendes. Egal, was den Menschen darin zustößt, allein dadurch, dass einer sie erzählt und auf einen Schluss hin arrangiert, haben die Figuren das, was wir gerne hätten: eine Bestimmung.

Handlung ist nicht etwas, das von außen zu den Komponenten Stimme, Stil, Figuren, Atmosphäre hinzutritt; sie ist die Substanz der Erzählung, ihr Stoff und ihre Bewegung, zugleich ihr Äußeres und ihr Innerstes. Sie ist aber auch jenes Element, mit dem wir uns am ehesten unwohl fühlen: Das Prinzip Plot ist unverzichtbar, aber es ist nie ganz unproblematisch. Wird der ordnende Wille des Autors zu deutlich, wirkt eine Geschichte zurechtgemacht und konstruiert. Der Grund dafür ist eben der Umstand, dass es Handlung nur in Geschichten gibt und nicht in der Wirklichkeit. Dinge stoßen uns zu, Tag für Tag, Stunde für Stunde, ihnen folgen andere Dinge – aber wir sind nicht in einer Geschichte.

Schon Aristoteles unterscheidet die Wirkursache von der Zweckursache, die *causa efficiens* von der *causa finalis*, jene ist der Grund, aus dem, diese der Zweck, zu dem etwas geschieht. Die Wissenschaft der Neuzeit eliminiert nach und nach die Zweckursachen aus unseren Erklärungsmodellen: In einer gottlosen Welt passieren die Dinge aus Gründen, aber nicht zu Zwecken. Beim Erzählen jedoch bleiben Zwecke unverzichtbar, und der Erzähler spielt, ob er das will oder nicht, in seinem eigenen beschränkten Kosmos Gott. In der Realität walten die Gesetze der Physik, in der Erzählung aber die Zwecke der Dramaturgie.

Leo Perutz ist ein metaphysischer Autor, der nicht an Gott glaubt, auch in diesem Punkt ist er Nabokov und Borges verwandt – und tatsächlich nahm Borges Perutz' Roman *Der Meis-*

ter des Jüngsten Tages in eine von ihm herausgegebene Buchreihe auf. Prototypisch für Perutz' Methode ist die Kurzgeschichte *Herr, erbarme dich meiner,* in der ein in russische Kriegsgefangenschaft geratener Dechiffrierexperte unter Todesdrohung aufgefordert wird, eine Depesche zu entschlüsseln. Ihm fällt beim besten Willen der passende Chiffrenschlüssel nicht ein. In seiner Verzweiflung beginnt er zu beten: «Herr, erbarme dich meiner!» Nachdem er das Stoßgebet ausgerufen hat, hält er inne und erinnert sich, dass genau diese Gebetsformel – *«Gospody pomiluj!»* – der gesuchte Schlüssel ist. Er entziffert die Depesche und überlebt. Nichts Übernatürliches ist geschehen, er hatte eben Glück. Oder Gott hat ihm tatsächlich geholfen, aber falls er das getan hat, dann auf einem Weg, auf dem die Gesetze der Physik nicht gebrochen wurden. Die Entzifferung der Depesche geschieht, indem die alte Gebetsformel nicht mehr als Satz der natürlichen Sprache, sondern als semantische Konstruktion aufgefasst wird; im nächsten Schritt – der eigentlichen Dechiffrierung – wird sie dann in die Zahlensprache übersetzt, also: gödelisiert.

Das Gegenstück zu *Herr, erbarme dich meiner* ist Perutz' vielleicht schönste Erzählung *Der Tag ohne Abend* – angeregt vom Schicksal des 1832 im Alter von einundzwanzig Jahren im Duell getöteten Mathematikers Evariste Galois. Perutz' Geschichte spielt zu Beginn des 20. Jahrhunderts in Wien, sein Mathematiker heißt Georges Durval und wird wie Galois in einen sinnlosen Ehrenhandel verwickelt. Einen Tag vor dem Duell, eigentlich nur um sich abzulenken, beginnt er, an einem mathematischen Problem zu arbeiten; bald nimmt dieses seine ganze Aufmerksamkeit gefangen, und er schreibt wie im Fieber. An seinem letzten Tag kritzelt er auf jedes Stück Papier, das sich finden lässt. Er ist nicht interessiert daran, irgendetwas davon aufzubewahren, er will nur die Arbeit abschließen. Völlig geistesabwesend wird er von den

Sekundanten zum Duellplatz gebracht, auch aufs Zielen vermag er sich nicht zu konzentrieren, und so wird er erschossen. «Dieser Tag hatte keinen Abend.»

Und das Schicksal? Wie Borges' *Der Süden* oder Henry James' Gespenstergeschichte *The Turn of the Screw* hat die Erzählung zwei Lesarten, oder eigentlich: Sie eröffnet zwei diametral entgegengesetzte Betrachtungsweisen unseres Lebens.

> Die Geschichte Georges Durvals mußte erzählt werden. Es scheint mir manchmal, als gewähre sie einen gewissen Einblick in die Ökonomie des Weltgeschehens.
>
> Es ist fraglich, ob die großen Frühverstorbenen der Wissenschaft, der Kunst und der Literatur, Puschkin etwa oder Lassalle oder Lord Byron, ihrem Lebenswerk auch nur eine einzige Zeile hinzugefügt hätten, wenn der Tod an ihnen vorbeigegangen wäre.

Man könnte auch W. G. Sebald nennen, den ein Autounfall auf der Höhe seiner Schaffenskraft das Leben kostete, oder Ingeborg Bachmann, die wegen eines Funkens heißer Asche im Bett verbrannte, kurz nachdem sie ihre besten Gedichte geschrieben hatte. Oder – der umgekehrte Fall – Goethe, der bei Valmy die Kugeln um seine Ohren pfeifen hörte. Er hätte dort ohne weiteres erschossen werden können, denn das Pfeifen der Kugeln ist, wie wir von Grimmelshausen wissen, nur herrlich, solange einen keine davon trifft. Und wäre das passiert, so hätte man, schreibt Egon Friedell, wohl gefragt, was Goethe denn auch nach der *Iphigenie* noch hätte schaffen sollen. «Vielleicht ist es so», fährt denn auch Perutz' Erzähler mit trügerischer Sicherheit fort, «daß das Schicksal nur Menschen abberuft, die nichts mehr zu geben haben, die am Ende angelangt und leer und ausgebrannt sind.»

Ja vielleicht. Aber vielleicht auch nicht. Denn wie verhält es sich mit der Formel, die die Probe aufs Exempel wäre; jener Formel, an der Durval an seinem letzten Tag gearbeitet hat?

> Eine gelehrte Gesellschaft gibt den Nachlaß Georges Durvals heraus, jene mathematischen Untersuchungen, die in den letzten Wochen seines Lebens entstanden sind. Als der Krieg ausbrach, waren drei Bände erschienen. […] Aber auch wenn sein Werk gesammelt in zehn Bänden vorliegen wird, auch dann wird es ein Torso bleiben. Seine letzte, abschließende Arbeit wird nicht zu finden sein. Sie ist verteilt auf die Rückseite einer Wäscherechnung, auf die Marmorplatte eines Kaffeehaustisches und auf ein kleines Blatt aus dem Notizblock, das der Wind verweht hat.

So endet Perutz' Geschichte, und die Melancholie, mit denen man diese Zeilen liest, ist eine komplizierte: Zum einen gilt sie dem begabten Mann, der eine große Arbeit nicht fertigstellen konnte. Zum anderen aber gilt sie dem Umstand, dass die verschwundenen Zettel den Aufschluss hätten geben können, ob wir Menschen ein Schicksal haben. Die Beziehung zwischen Durvals letzter Arbeit und der Schicksalsfrage ist, um einen Mathematikerausdruck zu verwenden, kontraintuitiv. Wenn die verlorene Formel genial ist, was wir aber nicht wissen können – denn würden wir sie kennen, wäre sie ja keine verlorene Formel –, so trifft es eben *nicht* zu, dass das Schicksal nur Menschen abberuft, die nichts mehr zu geben haben, so gibt es keinen tiefen Sinn in unserer Lebenskurve. Wenn die Formel aber zweitrangig ist, mittelmäßig und unwichtig, so gäbe uns das Grund, Vertrauen zu fassen in die grundsätzliche Gerechtigkeit der Dinge. Doch sie ist verschwunden und nicht wieder auffindbar, und dieser Umstand ist auf den ersten Blick traurig für die Mathematik, auf den zweiten aber eine Metapher für die formale Unentscheidbarkeit des Schicksalsproblems. Wer tot ist, ist nun einmal tot, und wir wissen nicht, was er noch hätte leisten können. Es gibt keine zweite Chance auf Erden. Die Dinge sind, wie sie sind, und wie sie wären, wenn sie anders wären, werden wir nie wissen.

Warum Kurt Gödel ins Exil getrieben wird, ist unklar. Er ist politisch nicht interessiert, und er ist kein Jude. Nur glaubt ihm das keiner. Die Sache wäre lustig, wenn sie nicht tragisch wäre: Wiens nationalsozialistische Hochschulfunktionäre gehen mit regelrecht einnehmender Selbstverständlichkeit davon aus, dass jemand, der schon in jungen Jahren als genialer Logiker gilt, auch Jude sein muss. Und so verliert Gödel seinen Lehrauftrag an der Universität Wien.

Sein Emigrantenschicksal ist untypisch auch in der Hinsicht, dass er sich seine Arbeitsstätte frei aussuchen kann: Jede Institution der Welt nähme ihn bereitwillig auf, aber er will auf keinen Fall unterrichten, und so kommt er auf Vermittlung John von Neumanns ans *Institute for Advanced Study* in Princeton. Von dort geht er nie mehr weg und verbringt seine Zeit mit langen Spaziergängen in Begleitung seines Freundes Albert Einstein. In einer Festschrift zu dessen Geburtstag beweist er, dass unter sehr speziellen Umständen – in einer Welt rotierender Galaxienhaufen nämlich, in der die Raumzeit sich gewissermaßen in sich selbst zurückkrümmt – Zeitreisen in die Vergangenheit möglich sind. Aus der Sicht des Logikers ist damit der Tod besiegt, man muss die Reisen gar nicht durchführen können. Was von so Zufälligem wie der Verteilung der Materie im Raum und der Geschwindigkeit unserer Fluggeräte abhängt, ist keine Größe, die ein wirklich abstrakt denkender Geist ernst nehmen muss. Alles, was je existiert hat, existiert in gewisser Weise für immer. Theoretisch kann man seine verstorbenen Eltern und Großeltern aufsuchen. Im Reich der Logik sind die Toten noch da.

Tatsächlich glaubt Gödel an Gespenster, er sieht sie und hört ihre Stimmen, er fühlte sich von ihnen umgeben. Aber er ist nicht dement. Er arbeitet an einer Abhandlung über Cantors Kontinuumshypothese und verfertigt eine Formalisierung des ontologischen Gottesbeweises. Man kann nicht behaupten, dass Gödel zuerst ein großer Logiker ist und später den Verstand verliert. Er behält den Verstand bis zum letzten Tag, aber er ist auch paranoid und sieht Gespenster, und die Vernunft kommt ihm nicht zu Hilfe, denn kein System weiß, ob es konsistent ist, dafür müsste man eine Perspektive außerhalb seiner selbst einnehmen, und das ist auch dem klügsten Menschen nicht möglich. Kurt Gödel stirbt im Jahr 1977 an Unterernährung: Seine Frau muss ins Krankenhaus und kann sein Essen für einige Wochen nicht mehr vorkosten. Seine Angst vor Vergiftung ist so groß, dass er lieber ganz damit aufhört, Nahrung zu sich zu nehmen.

Leo Perutz, der tatsächlich Jude ist, arbeitet als Emigrant in Israel in der Firma seines Bruders, dadurch ist er finanziell versorgt. Sein Roman *Der Meister des Jüngsten Tages* ist, nicht zuletzt durch die Unterstützung von Borges, ein Erfolg in Argentinien. Im deutschen Sprachraum ist Perutz nach dem Krieg völlig vergessen. Weder die Gruppe 47 noch die Kulturfunktionäre Wiens zeigen das geringste Interesse an ihm. In seiner Heimat, so konstatiert er mit der Kühle des Wissenschaftlers, ist man ganz froh darüber, all die Künstler von Weltrang endlich los zu sein:

> Es scheint [...], daß die österreichische Öffentlichkeit sich mit dieser Einbuße sehr gerne, ja geradezu begeistert abgefunden hat. Was an schriftstellerischen Talenten im Lande verblieben ist, scheint den Ansprüchen zu genügen, man ist jetzt ganz unter sich, ist die «Zugereisten» los, und von Werfel bis Karl Kraus war ja alles «zugereist» – und fühlt sich sehr wohl dabei.

Ganz auf sich gestellt, arbeitet Perutz in den Nachkriegsjahren an seinem Meisterwerk *Nachts unter der steinernen Brücke,* einem Roman, wie es ihn so noch nicht gegeben hat. Auf den ersten Blick ist das Buch eine Kurzgeschichtensammlung aus dem Prager Ghetto in den Jahren vor und unmittelbar nach Ausbruch des Dreißigjährigen Krieges – aber setzt man die Geschichten miteinander in Verbindung, so erzählen sie, in unzählige Perspektiven und Binnenhandlungen aufgesplittert, davon, wie der mittellose Mordechai Meisl ein gewaltiges Vermögen erwirbt, privilegierter Hofjude des Kaisers Rudolf wird und sein Geld schließlich im Glauben, seine Frau wäre Rudolfs Geliebte, wieder loszuwerden trachtet, um in Armut zu sterben – und seine Frau hat tatsächlich ein Verhältnis mit dem Kaiser, und sie hat es zugleich nicht, denn ein Bann wurde auf die beiden gelegt, und sie sehen einander nur im Traum, das aber jede Nacht, Jahr um Jahr. Es ist auch ein Roman über Rudolf, der vergeblich das Ausbrechen des Krieges zu verhindern sucht, und es ist ein Roman über die versteckten und vergessenen Ursachen, die hinter historischen Ereignissen stehen. Manche Geschichten sind realistisch, andere dunkel phantastisch, einige anekdotisch, andere legendenhaft und lyrisch: Der Roman ist zugleich ein melancholischer Abgesang auf die verschwundene jüdische Kultur wie auch eine meisterhaft durchgeplante Fuge, und immer geht es darin um Kausalität. Die fragmentierte Struktur eines Romans in Geschichten ermöglicht es Perutz, etwas zu erzählen, was sich der Romanform sonst entzieht, die unzähligen Verbindungen zwischen Ereignissen, die scheinbar nichts miteinander zu tun haben – der Umstand also, dass unsere Leben ständig von Menschen beeinflusst werden, die wir nicht kennen, und dass wir ständig die Leben von Menschen beeinflussen, von denen wir nie erfahren werden.

In der Geschichte *Der Branntweinkrug* streichen die jüdischen Straßenmusiker Koppel-Bär und Jäckele-Narr in den frühen Morgenstunden des Neujahrstags betrunken durch die Straßen. Da hören sie Stimmen aus der Synagoge. Sie bleiben stehen und erkennen einige davon. Daran wäre auch weiter nichts erstaunlich, nur: Die Menschen, denen diese Stimmen einst gehörten, sind tot.

> Er hustet also auch im ewigen Leben, der Neftel Gutmann. Ob er wohl dort auch Lebkuchen backen darf? Und wenn er sie bäckt, – wer nimmt ihm sie ab? Koppel-Bär, ich habe Furcht. Komm fort von hier, hab' ich dir gesagt, es ist hier nicht geheuer, – warum willst du nicht auf mich hören? Sie feiern ihr Fest, – was haben wir dabei zu tun?

Aber sie bleiben und horchen, und sie vernehmen, wie die Stimmen der Geister die Namen der Menschen ausrufen, die das neue Jahr nicht überleben werden. Ängstlich, panisch, fasziniert hören Koppel-Bär und Jäckele-Narr zu: Voraussagen, die sich unweigerlich erfüllen, sind zwar furchtbar, aber auch unwiderstehlich.

> «Mendl, Sohn des Ischiel! Du bist gerufen», ertönte die erste Stimme nochmals.
>
> «Das ist der Mendl Raudnitz», sagte, wie wiederum

> Stille war, der Koppel-Bär. «Um den wird es nicht gar viel Klagens geben. Sein Weib ist ihm gestorben, und mit seinen Kindern lebt er seit Jahren in Unfrieden. [...] Vielleicht sollten wir ihm sagen, daß er gerufen ist und daß es Zeit für ihn wäre, sich mit seinen Kindern zu versöhnen.»
>
> «Nein», entschied der Jäckele-Narr. «Koppel-Bär, du kennst die Menschen nicht. Er würde sagen, es sei nicht wahr und wir hätten es aus Bosheit erfunden, um ihn zu erschrecken. Er wird niemals glauben, daß es die Wahrheit ist, er wird eine Lüge finden und sich mit ihr getrösten.»

Aber dann hören sie das: «‹Jakob, Sohn des Juda, den sie den Jäckele-Narr nennen! Dich rufe ich.›»

Für einen Moment sind die beiden fassungslos. Jäckele-Narr blickt dem sicheren Tod ins Gesicht, sein Freund nimmt Abschied. Einige Minuten lang begreifen sie wirklich, dass es kein Entkommen gibt. Die Voraussage der Geister wird sich erfüllen, denn Voraussagen der Geister erfüllen sich immer. Jäckele-Narr hat nur mehr wenige Monate zu leben, und keine Lüge scheint diesen Umstand verschleiern zu können. Dann aber wird Mordechai Meisl gerufen, der reichste Jude von Prag, der Privatbankier des Kaisers. «‹Der ein armer Mann ist›, setzte die andere Stimme fort. ‹Der nicht einen halben Gulden im Hause hat. Der nichts besitzt, nichts sein eigen nennt.›»

Nun sind die beiden erleichtert. Denn das muss doch Unsinn sein, Mordechai Meisl hat Geld wie Heu, die Geister können sich nicht so irren, folglich gehören die Stimmen gar nicht den Geistern, folglich macht jemand sich einen Spaß mit ihnen, folglich muss man auf die Prophezeiung nichts geben. Man muss nur zu folgern wissen. «‹Das sind Narren, die so ungereimtes Zeug schwätzen. Du bist den beiden auf den Leim gegangen, Koppel-Bär, aber mir war es von Anfang an, als müßt ich ihre Stimmen kennen.›»

Die Geschichte handelt von der grenzenlosen Fähigkeit des Menschen, sich selbst zu beruhigen und zu belügen: Selbst einer, der sich gerade noch darüber mokiert hat, dass die Leute die Wahrheit nicht wissen möchten, möchte die Wahrheit nicht mehr wissen, wenn die Geister seinen eigenen Namen ausrufen.

Ob Jäckele-Narr stirbt, wird im Buch nicht mehr vorkommen. Vorkommen wird allerdings, in einer anderen Geschichte, warum Mordechai Meisl sich freiwillig von seinem Vermögen getrennt hat und jetzt arm ist wie eine Kirchenmaus. Perutz' Geschichte ist zugleich eine phantastische Erzählung à la Gustav Meyrink – und tatsächlich hat im Roman auch der Golem einen kurzen Auftritt, allerdings gut versteckt in einem Nebensatz, den die meisten Leser wohl gar nicht bemerken sollen – und ein grimmiger existenzieller Syllogismus: Ist Meisl der reichste Mann von Prag, haben die zwei Musiker auch keine Geister gehört, und auf die Prognose muss man nichts geben; ist Meisl aber arm, so muss Jäckele-Narr sterben. In einer anderen Geschichte erfahren wir: Meisl ist arm. Was daraus folgt, spricht der Mathematiker Perutz nicht aus.

Nachts unter der steinernen Brücke endet mit Perutz' vielleicht erfundener, vermutlich aber echter Kindheitserinnerung an die Modernisierung Prags.

> Um die Jahrhundertwende, zu der Zeit, als ich fünfzehn Jahre alt und Schüler des Gymnasiums war – ein schlechter Schüler, der dauernd Nachhilfe benötigte –,

> sah ich die Prager Judenstadt, die diesen Namen freilich schon lange nicht mehr führte, sondern die «Josefstadt» genannt wurde, zum letztenmal, und in meiner Erinnerung lebt sie, wie sie sich damals mir zeigte: Aneinandergedrängte altersschwache Häuser, Häuser im letzten Stadium des Verfalls, mit Vor- und Zubauten, die die engen Gassen verstellten. Diese krummen und winkeligen Gassen, in deren Gewirr ich mich auf das hoffnungsloseste verlaufen konnte, wenn ich mich nicht vorsah. Lichtlose Durchlässe, düstere Höfe. Mauerlücken und höhlenartige Gewölbe, in denen Trödler ihre Waren feilhielten, Ziehbrunnen und Zisternen, deren Wasser von der Prager Krankheit, dem Typhus, verseucht war, und in jedem Winkel, an jeder Ecke eine Spelunke, in der sich die Prager Unterwelt zusammenfand. Ja, ich kannte das alte Judenviertel.

Als Leo Perutz im Jahr 1951 diesen seinen besten Roman abgeschlossen hat, lehnt der Verleger Paul Zsolnay die Veröffentlichung ab:

> Ich habe Ihnen in meinem letzten Schreiben gesagt, wie sehr ich Ihr Werk liebe und schätze, daß ich aber nicht glaube, es mit Erfolg bei der gegenwärtigen Einstellung der Leser in Deutschland und Österreich herausbringen zu können. Seit Sie Österreich verlassen haben, ist eine neue Jugend dort aufgewachsen, die nicht Zugang zu Ihren Werken hatte und der Ihr Name daher nicht mehr sehr geläufig ist. […] Es würde unsere Aufgabe natürlich wesentlich erleichtern, wenn wir mit einem neuen Buch von Ihnen herauskämen; jedoch sollte es nicht wie

> das vorliegende durch das Thema oder vielmehr durch das Milieu Widerständen begegnen, die ich Sie bitte, nicht unterschätzen zu wollen.

Mit anderen Worten: Der Verlag mahnt Perutz zu mehr Taktgefühl. Gerade hat man so viele Juden getötet, da möchte man nicht jetzt schon wieder Geschichten über Juden lesen. Es gibt Grenzen für das, was man dem deutschen Volk zumuten kann.

Schon 1937 beginnt Perutz, an seinem Roman *Der Judas des Leonardo* zu arbeiten; aber erst 1957 wird er damit fertig. Es wäre eine Verkürzung, wollte man behaupten, dass Perutz sich darin mit der deutschen Schuld auseinandersetzt. Richtig ist aber, dass es um einen Mann geht, der schuldig wird, und richtig ist auch: Dieser Mann ist Deutscher.

Der Judas des Leonardo spielt in der Hochrenaissance: Ein Handlungsstrang erzählt von der verzweifelten Suche des Malers Leonardo da Vinci nach einem Mann, dessen Gesicht er als Vorlage für das Porträt des Judas in seiner Darstellung des letzten Abendmahls verwenden kann. Ein zweiter Strang erzählt von dem deutschen Kaufmann Joachim Behaim, der nach Mailand kommt, um eine lange schon ausstehende Geldschuld einzutreiben. Er verliebt sich in die junge Niccola, diese erwidert seine Zuneigung, Behaim ist ihre erste große Liebe. Aber da entdeckt er, dass Niccola die Tochter des verstockten alten Mannes ist, der ihm Geld schuldet und die Zahlung verweigert. Anstatt seine Ansprüche zu vergessen und Niccola bei der Flucht vor ihrem Vater zu helfen, nützt er ihre Verliebtheit, um sich von ihr die Tür zum Vaterhaus öffnen zu lassen, sein Geld an sich zu nehmen und ohne sie die Stadt zu verlassen. Er hat dabei kein schlechtes Gewissen, denn er hat ja nichts Unrechtes getan, das Geld steht ihm gesetzlich zu. In der Figur Behaims ist Perutz etwas geglückt, das man in der Literatur nicht oft findet: Das Porträt eines klugen, aber begrenzten, eines charismatischen, doch zugleich zutiefst selbstgerechten Menschen.

Und wie immer bei Perutz ereignet sich das Wichtigste am Schluss. Acht Jahre später kommt Behaim zurück nach Mailand. Die Menschen verhalten sich eigentümlich, alle erkennen ihn, sie zeigen auf ihn, sie flüstern. Jemand rät ihm, sich den Bart abzurasieren oder irgendwie sein Gesicht zu verändern; ein anderer legt ihm nahe, er solle sich doch unbedingt im Kloster Santa Maria delle Grazie das Bild von Leonardo da Vinci ansehen.

> Als Behaim am Morgen des nächsten Tages im Refektorium des Klosters vor dem «Abendmahl» stand und sein Blick, nachdem er Christus und Simon Petrus betrachtet hatte, auf den Judas, der den Beutel in der Hand hielt, fiel, da war es ihm, als hätte man ihm einen Hieb vor die Stirne versetzt, und es wurde ihm ganz wirr im Kopf.
>
> Gott steh mir bei! durchfuhr es ihn. Träume ich oder was ist da geschehen? Ein übler Anschlag, bei meiner Seele, ein schändlicher Anschlag. Wie konnte er das wagen!

Und dann? Nichts. Behaim denkt nicht darüber nach, was Leonardo angetrieben hat. Er denkt auch über sich nicht nach. Entschlossen, «nicht eine Stunde länger in Mailand zu bleiben», geht er schimpfend seiner Wege. Auf dem Domplatz läuft er an seiner ehemaligen Liebe Niccola und deren Ehemann und kleinem Sohn vorbei, aber auch das fällt ihm nicht auf.

Was Behaim verloren hat, ist viel mehr als die Liebe einer Frau. Er war Teil einer farbigen Welt des Handels und Wandels und der Kunst, die Menschen Mailands haben ihn geschätzt, Leonardo da Vinci hat ihn wie seinesgleichen behandelt, aber all das ist vorbei. Behaim wird nie mehr zu ihnen gehören, er ist durch seine Tat und durch das Kunstwerk gezeichnet. Aber von alldem will er nichts wissen.

Der letzte Satz des Romans gehört Niccola. Ihr Mann, der wie sie den wütenden Behaim gesehen hat, fragt sorgenvoll, ob sie diesen denn immer noch liebe.

> «Wie kannst du so töricht fragen!» sagte Niccola, und sie legte den Arm um seine Schultern. «Glaub mir, ich hätte ihn nie geliebt, wenn ich gewußt hätte, daß er das Gesicht des Judas trägt.»

Die Kunst dreht die Kausalitäten um. Judas hat das Gesicht Behaims bekommen, aber nun, aufgrund der bildschaffenden Kraft des Meisterwerks, trägt Behaim die Züge des Judas. Er trägt sie für immer. Behaim wird sterben, aber der Judas des Leonardo wird da sein. Niccola dachte einst, dieser gutaussehende und freundliche Deutsche wäre einer wie die anderen. Nun aber wird keiner mehr diesen Irrtum begehen.

Der Judas des Leonardo erscheint zwei Jahre nach Perutz' Tod, in jenem Jahr 1959, in dem Ingeborg Bachmann ihre Frankfurter Vorlesungen hält, Peter Alexander nicht weniger als drei Komödien in die Kinos bringt und Fritz Bauer mit den Ermittlungen zum Auschwitz-Prozess beginnt. Das Buch des nie zurückgekehrten Emigranten Perutz wird kaum besprochen, nicht gelesen und verschwindet ohne Folgen, bis es im Zuge der Perutz-Renaissance Ende der achtziger Jahre neu aufgelegt wird.

Aber Perutz wäre nicht der Dichter der akausalen Kausalität und der temporalen Verkehrungen, wenn es bei ihm in Sachen zeitlicher Folge mit rechten Dingen zuginge: Seinen Roman über Nachkriegszeit, Schuld und Gerechtigkeit, über alle Fragen, die in den fünfziger Jahren hätten gestellt werden sollen, hat er schon Mitte der zwanziger Jahre geschrieben. 1928 erschien in der *Berliner Illustrierten Zeitung* in Fortsetzungen *Wohin rollst du, Äpfelchen ...*, sein Roman über die Jagd nach einem Kriegsverbrecher und einen Mann, der nicht vergessen kann.

Die Geschichte beginnt unmittelbar mit dem Ende des Krieges. Der Held, Georg Vittorin, kommt mit einer Gruppe von Kameraden aus russischer Gefangenschaft nach Wien zurück. Sie alle sind traumatisiert durch die Misshandlungen – nie klar beschrieben, nur in vager Rückblende angedeutet –, die ihnen auf Befehl des sadistischen Lagerkommandanten Seljukow angetan wurden. Noch im Lager haben sie einander geschworen, dass einer von ihnen später mit Unterstützung der anderen nach Russland zurückkehren und Seljukow töten soll.

Die erste Hälfte des Romans nimmt das Panoptikum der zusammenbrechenden sozialen Ordnung Wiens ein: Die Ämter arbeiten noch, aber sie wissen nicht, für wen, die Leute üben ihre Berufe aus, aber sie wissen nicht, wie lange noch, die Währung verfällt, einige werden sehr reich, die meisten verarmen. Aber das Leben geht weiter, das tut es ja immer. Georg Vittorins ehemalige Mitgefangene sind schon bald wieder ganz in ihrem Alltag gefangen und haben Wichtigeres und auch Angenehmeres zu tun, als sich um die Verfolgung eines ehemaligen Lagerkommandanten im fernen Chaos des russischen Bürgerkriegs zu kümmern.

Nur Georg will nicht loslassen. Wie für Kleists Michael Kohlhaas bedeutet Gerechtigkeit für ihn, bei der Sache zu bleiben. Er erträgt den Gedanken nicht, dass jemand Verbrechen begehen und doch glücklich weiterleben kann. Damit das nicht geschieht, opfert er alles: Sein mittelloser Vater und seine Schwestern brauchen ihn als Ernährer, aber er verlässt sie, verlässt auch die Frau, die ihn liebt, schlägt ein vielversprechendes Stellungsangebot aus und macht sich auf den Weg.

Die wenigen Wochen, die Georg in Wien verbringt, nehmen die Hälfte des Romans ein, seine Suche nach Seljukow wird in immer kürzeren Kapiteln erzählt, die immer längere Zeitspannen umfassen: Er gerät in Gefangenschaft, kann entkommen und schlägt sich ins bolschewistisch regierte Moskau durch. Immer wieder kommt er nahe an Seljukow heran, aber immer wieder ist der schon anderswo, bevor Georg ihn erreichen kann. Georg wiederum zieht dahin wie ein Todesbringer – alle, die ihm weiterhelfen, trifft kurz darauf irgendein Verhängnis, was aber er, beseelt von seiner Mission, kaum zur Kenntnis nimmt. Die letzten Kapitel, die in der Türkei, in Frankreich und in Italien spielen, bekommen wie der Schluss des *Simplicissimus* durch die schiere Beschleunigung etwas Irreales. Jahre sind vergangen, als Georg schließlich erfährt, dass Seljukow in Wien lebt, am Währinger Gürtel 124, zweiter Stock, Tür sechzehn. «Daheimbleiben und warten und dann eines Tages eine Straße hinaufgehen und um die Ecke biegen. Mehr wäre nicht zu tun gewesen.»

Seine Familie ist nicht sehr glücklich darüber, dass Georg plötzlich wieder in Wien ist; sie hat sich schlecht und recht ohne ihn eingerichtet. Die Frau, die ihn geliebt hat, steht nicht mehr zur Verfügung, und der junge Mann, der ihn einst anstellen wollte, ist inzwischen ein reicher Industrieller geworden. Georg hat alle Möglichkeiten, die das Leben bot, ausgeschlagen, um Gerechtigkeit herbeizuführen. Nun steht er endlich, eine geladene Pistole in der Tasche, vor Seljukows Wohnungstür.

Und dann? Perutz' Schlusswendung besteht darin, dass es keinerlei Schlusswendung gibt. Seljukow lässt ihn herein. Er erkennt den ehemaligen Häftling nicht. Er ist alt geworden, und er ist müde und heruntergekommen. Er schlägt sich durch, indem er Heiligenfiguren aus Holz schnitzt, die sein ehemaliger Offiziersbursche auf Straßenmärkten verkauft.

> «Sind Sie zufrieden mit Ihrem Leben?» fragte [Georg], und jetzt war in seiner Stimme ein kalter und harter Klang. «Geht es Ihnen gut, Michael Michajlowitsch?»
>
> «Zufrieden? Ich bin vielleicht sogar noch mehr als zufrieden. Ich habe immer Glück gehabt.»

Georg Vittorin überkommt keineswegs ein Gefühl der Verzeihung – sein Herz wird nicht weich, keine Nächstenliebe steigt auf. Und doch, ohne Grund scheinbar, ganz wie Shakespeares Helden so oft ihre Pläne ändern, ohne sich zu erklären, steht Georg von Seljukows Küchentisch auf, kauft dem Kommandanten alle geschnitzten Heiligenfiguren ab und geht «mit einer gleichgültigen Handbewegung, die einem verlorenen Vormittag und einem durchnäßten Mantel galt und nichts verriet», seiner Wege.

Die Konfrontation mit dem Bösen kann nicht stattfinden. Seljukow hat sich nicht gebessert. Er hat nichts bereut, er hat nichts dazugelernt, und er ist nicht bestraft worden, weder von der Justiz noch vom Schicksal. Er hat nur vergessen. Je genauer man diesen Schluss liest, desto rätselhafter wird er, desto überzeugender aber auch. Der Roman verrät genauso wenig wie Georgs gleichgültige Handbewegung. Ist es falsch, die Gerechtigkeit um jeden Preis zu verfolgen? Haben Georgs Kameraden recht, wenn sie sogleich ihre Pläne aufgeben und sich wieder ins bürgerliche Leben einfügen? Oder hat Georg recht, wenn er sich weigert, sein Leben weiterzuführen, als wäre nichts geschehen?

Der Roman ist zu Ende und gibt keine Antwort. Georg scheint nichts zu bedauern. Was hat er gesehen, als er Seljukow von Angesicht zu Angesicht gegenüberstand? Jedenfalls hat er einen Unmenschen gesucht und einen unrasierten Holzschnitzer gefunden. Das radikal Böse existiert, aber man kann ihm nicht gegenübertreten. Reist man ihm hinterher, ist es immer schon weitergezogen. Treibt man es in die Enge, findet man einen unbedeutenden älteren Herrn, der müde eine Banalität äußert: Er hat immer Glück gehabt.

Im Jahr 1972 besucht der junge Mathematiker Rudy Rucker Kurt Gödel in dessen Büro im *Institute for Advanced Study* in Princeton. Besonders prägt sich ihm das Kichern ein, in das Gödel immer wieder ausbricht.

> Er konnte jede meiner Argumentationsketten bis ans Ende verfolgen, sobald ich sie nur begonnen hatte. Durch sein eigentümlich verstehendes Lachen und seine Fähigkeit, praktisch augenblicklich zu begreifen, was ich sagen wollte, fühlte sich das Gespräch mit Gödel an wie direkte Telepathie.

In seinem Buch *Infinity and the Mind* schildert Rucker, wie er Gödel ausgerechnet jene Frage stellt, die man als Leser phantastischer Geschichten immer stellen möchte; aber er stellt sie nicht irgendwem, sondern dem größten Logiker der Welt, der selbst die Möglichkeit von Zeitreisen bewiesen hat. Was, fragt Rucker, wenn einer in der Zeit zurückreise und sein vergangenes Selbst töte? Denn dann könne er ja wiederum nicht zurückreisen und sein vergangenes Selbst töten, was wiederum dazu führe, dass er es doch tun könne, was dazu führe, dass er es nicht tun könne: ein Paradoxon. Hebt der Gedanke des Zeitreisens sich daher nicht selbst auf?

> «Zeitreisen sind möglich, aber niemand wird es fertigbringen, sein vergangenes Selbst zu töten.» Gödel lachte sein Lachen, dann fügte er hinzu: «Das *a priori* wird sehr unterschätzt. Die Logik ist äußerst machtvoll.»

Rucker fragt nach der Zukunft. Wenn sie bereits existiere, und sei es auch nur als logische Tatsache, so sei sie vorbestimmt, und so gebe es keine Freiheit, und es sei letztlich egal, was man tue. Und mehr noch: Wenn jemand eine Methode hätte, zukünftige Ereignisse vorherzubestimmen, dann könnte er doch das Eintreffen genau dieser Ereignisse verhindern.

Keineswegs, antwortet Gödel. Eine Person, die willens sei, die zukünftigen Ereignisse zu verändern, werde nie eine zuverlässige Methode zu deren Vorherbestimmung in die Hände bekommen. Dafür sorge die Logik. Gödel kichert, Rucker verabschiedet sich verwirrt.

Fünf Jahre später telefonieren sie zum letzten Mal. Gödel hat sich vollkommen zurückgezogen, er fürchtet Gespenster und Geheimdienste, er fürchtet jenes Gift, dessentwegen er später auch tatsächlich sterben wird, weil er das Essen einstellt, um nicht daran zu sterben: Man kann tatsächlich auch von Gift getötet werden, das man nicht zu sich nimmt. Schon lange empfängt Gödel niemanden mehr. Aber dann und wann, wenn man hartnäckig ist, bekommt man ihn noch ans Telefon.

Wenn es also keine Zeit gebe, fragt Rucker, woher dann ihre hartnäckige Illusion? Wieso habe man immer den Eindruck, dass sie da sei und vergehe?

Weil man, antwortet Gödel, das Gegebene mit dem Wirklichen verwechsle. Man meine, sich von Sekunde zu Sekunde in einer anderen Wirklichkeit zu befinden, aber man befinde sich nur vor anderen Gegebenheiten. «*We occupy only different givens.*» Es existiere nur eine Wirklichkeit. Sie umfasse Zukunft und Vergangenheit.

Nicht lange darauf träumt Rucker, dass er an Gödels Krankenbett steht. Auf dem Laken ist ein Schachbrett. Gödel greift danach, aber er tut es ungeschickt, das Brett kippt, und die Figuren fallen zu Boden.

Was bedeutet das? Nichts. Es braucht ja auch nichts zu bedeuten. In einem Roman dürfte man so etwas nicht machen, denn dort müsste es Sinn haben. Einem kritischen Leser braucht man mit solch einem Traum nicht zu kommen. Eine Erzählung muss wahrscheinlich sein und doch unvorhersehbar; etwas, das im selben Moment naheliegend und unwahrscheinlich ist, verbietet sich. Die Wirklichkeit aber braucht weder den Gesetzen der Dramaturgie zu folgen noch denen des guten Geschmacks, sondern nur den allzeit unvollständigen Regeln der Logik. Die Wirklichkeit leistet sich sogar ein symbolschweres Schachbrett, und in der banalen Wirklichkeit bekommt Rudy Rucker am nächsten Tag die Nachricht, dass Kurt Gödel in dieser Nacht gestorben ist.

ZITIERTE LITERATUR

THEODOR W. ADORNO: *Erziehung zur Mündigkeit. Vorträge und Gespräche 1959–1969.* Berlin 2013

CHRIS ADRIAN: *Die große Nacht.* Roman. Übers. v. Thomas Piltz. Reinbek bei Hamburg 2012

INGEBORG BACHMANN: *Probleme zeitgenössischer Dichtung. Frankfurter Vorlesungen.* München 1982

DIES.: *Sämtliche Erzählungen.* München 1996

DIES.: *Sämtliche Gedichte.* München 1998

HEINRICH BÖLL: *Frankfurter Vorlesungen.* München 1968

HELMUT BÖTTIGER: *Die Gruppe 47.* München 2012

JORGE LUIS BORGES: *Das Aleph. Erzählungen 1944–1952.* Übers. v. Karl August Horst und Gisbert Haefs. Frankfurt am Main 1992

JEREMIAS GOTTHELF: *Die schwarze Spinne.* München 1997

HANS JACOB CHRISTOFFEL VON GRIMMELSHAUSEN: *Courasche / Springinsfeld / Wunderbarliches Vogelnest I und II / Rathstuebel Plutonis* (hg. v. Dieter Breuer). Frankfurt am Main 2007

DERS.: *Simplicissimus Teutsch* (hg. v. Dieter Breuer). Frankfurt am Main 2005

JOHANN PETER ECKERMANN: *Gespräche mit Goethe in den letzten Jahren seines Lebens.* Stuttgart 1994

SIGMUND FREUD: *Briefe 1873–1939.* Frankfurt am Main 1980

ANDREAS GRYPHIUS: *Absurda Comica oder Herr Peter Squenz. Schimpfspiel in drei Aufzügen.* Stuttgart 2008

DERS.: *Gedichte.* Stuttgart 2012

PETER HAGENDORF: *Tagebuch eines Söldners aus dem Dreißigjährigen Krieg* (hg. v. Jan Peters). Göttingen 2012

HUGO VON HOFMANNSTHAL: *Der Schwierige.* Stuttgart 2000

KARL KRAUS: *Die Sprache.* Wien 1937

GEORG KREISLER: *Leise flehen meine Tauben. Gesungenes und Ungesungenes.* Frankfurt am Main 2005

WALTER MEHRING: *Neues Ketzerbrevier. Balladen und Songs.* München 1966

HANS-HARALD MÜLLER: *Leo Perutz.* Wien 2007

ROBERT NEUMANN: *Vielleicht das Heitere. Aufzeichnungen aus einem anderen Jahr.* München 1972

LEO PERUTZ: *Der Judas des Leonardo.* Roman. München 2005

DERS.: *Der Marques de Bolibar.* Roman. Wien 2004

DERS.: *Die dritte Kugel.* Roman. München 2007

DERS.: *Herr, erbarme dich meiner.* Erzählungen. Wien und Hamburg 1985

DERS.: *Nachts unter der steinernen Brücke.* Roman. Wien 2000

DERS.: *Wohin rollst du, Äpfelchen …* Roman. München 2012

DERS.: *Zwischen neun und neun.* Roman. München 2004

SAMUEL PEPYS: *The Diary of Samuel Pepys M.A.* (hg. v. Henry Wheatley). London 1893

RAINER MARIA RILKE: *Die Gedichte.* Frankfurt am Main und Leipzig 2006

RUDY RUCKER: *Infinity and the Mind.* Princeton und Oxford 2005

W. G. SEBALD: *Campo Santo.* Frankfurt am Main 2005

WILLIAM SHAKESPEARE: *Gesamtwerk. Englisch und Deutsch.* Übers. von August Wilhelm Schlegel und Ludwig Tieck. 6 Bde. Augsburg 1995

JAMES SHAPIRO: *Contested Will. Who wrote Shakespeare?* London 2010

SUSAN SONTAG: *Where the stress falls.* Essays. New York 2001

RONEN STEINKE: *Fritz Bauer oder Auschwitz vor Gericht.* München 2013

ANDREA STOLL: *Ingeborg Bachmann: Der dunkle Glanz der Freiheit.* München 2013

J. R. R. TOLKIEN: *Der Herr der Ringe.* Übers. v. Margaret Carroux. Stuttgart 1979

Dank an: Anne Rübesame, Michael Maar,
Thomas Demand, Thorsten Ahrend,
Michael Töteberg

Daniel Kehlmann, 1975 in München geboren, lebt in Berlin. Sein Werk wurde unter anderem mit dem WELT-Literaturpreis, dem Per-Olov-Enquist-Preis, dem Kleist-Preis, dem Candide-Preis, dem Thomas-Mann-Preis und dem Nestroy-Preis ausgezeichnet. Der Roman *Die Vermessung der Welt,* in bisher 46 Sprachen übersetzt und von Detlev Buck verfilmt, wurde zu einem der erfolgreichsten deutschen Romane der Nachkriegszeit. Zuletzt veröffentlichte Kehlmann den Roman *F.*

Das für dieses Buch verwendete FSC®-zertifizierte Papier *Schleipen Werkdruck* liefert Cordier, Deutschland.